Alle Löwen feiern ...

Bruno Laberthier

Alle Löwen feiern ...

Ein Fußballkrimi aus Wuppertal

Gardez! Verlag

„Am schwärzesten Fluss der Welt, der Wupper, lernt man erkennen, welche Menschen leuchten. Der Himmel fällt herab von Schieferklippen. Immer gähnet schläfriger Tag sein Regenlied"

(Else Lasker-Schüler)

Für Ercan Aydoğmuş,
der mit Uwe Koschinat am Ende gelacht hat.

Alle Hauptfiguren und Handlungen sind frei erfunden. Ähnlichkeiten mit lebenden oder verstorbenen Personen sind rein zufällig.

Alle Nutzungsrechte dieser Ausgabe bei
Gardez! Verlag Michael Itschert,
Richthofenstraße 14, 42899 Remscheid, www.gardez.de

Lektorat | Reinhard Boos und Roland Reischl

Covergestaltung | Jeanette Frieberg,
Buchgestaltung | Mediendesign, Leipzig

Titelbild | © Instantly / Fotolia

Satz | Roland Reischl, Köln

Druck | CPI, Leck. Printed in Germany

Originalausgabe, 1. Auflage 2016

ISBN 978-3-89796-266-8

Prolog

*„Ob vom Ölberg, ob vom Loh,
ob vom Dönberg oder Zoo ...“*

Kuttenträger und Nostalgiker aus der Meister-Pröpper-Zeit, in Ehren Ergraute und ein paar unehrenhaft zu Geld Gekommene, notorische Steher und alte Haupttribünenhocker strömten aus dem Stadion am Zoo. Sie vermengten sich vor der denkmalgeschützten Fassade, wühlten ihre Autoschlüssel aus den Hosentaschen oder kletterten ein paar Meter wupperaufwärts die Stufen hoch zur Schwebebahn.

Die Rotblauen hatten den KFC Uerdingen ordentlich vermöbelt: 7:0. Es hatte nicht nur den Anschein, nein, es ging wieder aufwärts. Noch vier Punkte aus den letzten beiden Partien, dann wäre der Wuppertaler SV wieder in der Regionalliga. Wenigstens das.

Eine Rotte junger Fans stand an der Bushaltestelle neben dem stählernen Tausendfüßler und wartete auf den ganz seltenen 605er. Nur fünfmal im Jahr verkehrt der: an Himmelfahrt, an den Pfingsttagen und zweimal Ende Oktober. Heute war einer dieser Tage, und zu feiern gab es auch was. Also raus in die Natur, runter zur Müngstener Brücke und den Vatertag feiern. Ein bisschen die Füße vertreten, ein bisschen rumlümmeln, ein bisschen was Freiluftpils.

Am genervten Fahrer vorbei drängelte sich der Haufen ins Innere des Omnibusses. Alle trugen die Haare vom einen Ohr bis zum anderen in die Höhe toupiert, einmal quer über den Schädel wie ein um neunzig Grad gedrehter Irokesenschnitt. Auch die Koteletten und die langen Kinnbärte waren in die Senkrechte gekämmt. Aussehen taten sie damit wie Papierlaternen beim Kindergartenumzug an Sankt Martin: Sonne, Mond und Sterne.

Wie Peter Gabriel als Gänseblümchen bei den frühen Genesis-Konzerten.

Oder wie der neueste Schrei aus dem Trendbüro Morgenstund, das vor kurzem in ein leer stehendes Ladenlokal in der Luisenstraße in Elberfeld gezogen war.

Im Park unterhalb der Müngstener Brücke hatte sich ein anderes Grüppchen über die Wiesenstreifen und den schmalen Uferweg breitgemacht, als die WSV-Fans eintrudelten. Der Bergische Chor der Eindeutschsänger, Nordrhein-Westfalen-Meister im *Blended-Style-Karaoke* auf englischsprachige Liedtexte und Deutscher Vizemeister im Ü40-*SitSpo* (für Situativ-Spontanes Eindeutsch-Singen) feierte zu dreißigst mit dicken Lautsprechern und zehn Kästen Wicküler auf einem Bollerwagen Vatertag.

Komm an! Geeeh'an! Durch den Regen und den Sturm, sangen sie den Rotblauen zur Begrüßung. Ihr Discjockey, den sie unter sich nur ‚Scheibenreiter' nannten, hatte den Stadionschlager von ‚Geri und den Herzschrittmachern' ausgegraben. Die Rotte der WSV-Fans fühlte sich animiert und stieg mit ein:

Und du NIEmals gehst allein.
Du NIIIE
MALS gehst
allein!

„Im *SitSpo* seid ihr bloß Vizemeister?", frotzelte einer der Fans, Zoowärter Sprockhövel, als sie sich über plöppenden Kronkorken mit den Eindeutschsängern verbrüderten. „Euer Grußlied war titelreif!"

Bei Bier und Gesang zog sich der Nachmittag in den späten Nachmittag. Und der in den sehr späten. Das kräftige Maigrün im Flusstal, zwischen Diederichstempel und Dorperhof, lag satt in der Sonne, die fröhlich gelb vom blauen Himmel schien. Wanderer machten Rast, ließen sich bereitwillig ein Fläschchen reichen und machten den Tuborg-Mann. Sie wischten sich mit Taschentüchern den Schweiß von der Stirn und nuckelten dann an der Pulle. Ausflügler mit und ohne Kreissägen auf dem Kopf taten es ihnen gleich, nur dass sie ihr Bier selber mitbrachten.

Wie 'ne Brück' über sorgend' Wasser. Der Scheibenreiter lenkte den Blick der anderen auf die Parabel aus Stahlträgern und das schnurgerade Brückenplateau. Die Eindeutschsänger trafen nicht mehr jeden Ton, oder sie waren in echter Sorge. Denn oben auf der Müngstener Brücke, zwischen Eisenbahngleisen und Kante, turnten zwei Gestalten herum.

Macht als gut SPRING! Geh voran, spring!, grölte einer im Solo. Der Scheibenreiter verstand, winkte aber ab. Van Halen schön und gut, das hier war aber nicht der passende Moment. Statt die Songliste durchzugehen und das Lied einzuspielen, schüttelte er nur den Kopf. Die Lautsprecher und auch der besoffene Solist verstummten.

Immer schon war die Müngstener Brücke ein Magnet für Verzweifelte, die den allerletzten Moment ihres Daseins auf Erden suchten. Ein kühn geschwungenes Tor hinüber auf die andere Seite. Der Haufen unten im Brückenpark war entsprechend alarmiert.

Alle starrten sie gebannt in die Höhe. Die Fans mit den haarigen Heiligenscheinen sahen aus wie ein Beet Sonnenblumen, die Eindeutsch-Sänger wie A-cappella-Sänger mit Kiefersperre. Waren die zwei da oben lebensmüde, wollten sie sich in die Tiefe stürzen?

Vor allem der Größere der beiden, merkwürdig aufgeplustert und zottelig wie ein Ganzkörperhippie, wirkte träge und willenlos. Er trug kurze Hosen und sah in der schrägstehenden Sonne nicht sonderlich gesund aus mit seinem riesigen Kopf, von dem wirr die Haare abstanden, und der butterblumengelben Hautfarbe. Ein ums andere Mal fiel er hin. Der andere musste ihm auf die Beine helfen und stützte ihn ein Stück, bis er nicht mehr konnte und der Zotteltyp wieder in sich zusammensackte.

Mettmännchen, der Zierlichste unter den jungen Fans, entdeckte das Seil als Erster. Oben begannen die beiden, an der Kante der Brücke zu hantieren. Was hatten die vor? Suizid durch Erhängen? Oder wollten sie sich nicht in die Tiefe stürzen, sondern abseilen?

Dann ging alles blitzschnell. Der Zottelige stürzte kopfüber in die Tiefe, das Seil zuckelte ihm nach wie eine flinke Schlange. Nur dass die Kordel bei der fallenden Gestalt nicht an der Gürtelschnalle festgezurrt war, sondern am Ende eines, tja, flauschigen langen Schwanzes.

Siebzig Meter freier Flug, dann straffte sich das Seil und bremste den Sturz der wirren Gestalt. Sie baumelte durch bis auf knapp fünfzehn Meter über der Wupper, schoss dann wieder in die Höhe. Der Augenblick zwischen Durchhängen und Hochschnellen genügte den WSV-Fans, um zu begreifen, wer da Jo-Jo mit sich selbst spielte.

Gelb wie Homer Simpson, der Körper ein einziger Flokati-Teppich, der Kopf überproportional groß. Knallroter Rachen, schwarze Nase, silberner Ohrring. Ein rotes Fußballtrikot über der schwarzen Shorts, Fußballschuhe in Riesenpantoffelgröße. Dazu ein Dauergrinsen, trotz der Depressionen und der heiklen Luftnummer. Hier hüpfte Brian auf und ab, pendelte sich langsam aber sicher aus, hing in fünfunddreißig Metern Höhe überkopf da. Mit dem Kunstfellschwanz ans Seil geknotet und ohne Aussicht darauf, dass ihn wer aus dieser misslichen Lage befreite. Die andere Gestalt, oben auf der Brücke, war verschwunden.

Brian, der Löwe. Das Maskottchen von Bayer 04 Leverkusen.

„Gibt's doch nicht!" Leander ‚Ozzy' Oßman aus dem Fan-Lager fand als Erster die Worte wieder. Alle stierten sie auf die Kreatur, die alle viere von sich gestreckt hatte wie ein Hampelmann im Kopfstand.

„Hoffentlich ist der leer", lallte ein anderer.

„Da steckt kein Student drin", war sich einer von den Eindeutschsängern sicher. „So lasch wie die Klamotte da hängt. Was ist das überhaupt für einer?"

„Brian the Lion", nannte Mettmännchen das Maskottchen bei seinem offiziellen Namen.

„*Wie* heißt der?", hakte der Scheibenreiter nach.

Mettmännchen wiederholte den Namen, und zwar genau in dem Moment, als Brian der Kopf schwer wurde. Zu schwer. Wie ein Sektkorken flog er davon, der Plüschkopf. Nur eben nach unten.

Gleichmütig floss der schwärzeste Fluss der Welt darunter vor sich her, flach über Kiesel, und scherte sich nicht um das, was da wie ein Komet auf ihn zustürzte.

Das war aber noch nicht alles. Wie dem Korken der Sekt hinterherspritzt, wenn die Flasche vorher ordentlich geschüttelt wurde, plödderte dem Plüschkopf ein Strahl Rasierschaum nach. In seitlicher Bahn und vom lauen Wind zerpflückt, schoss das Zeug aus dem Rumpf und senkte sich auf die Wupper.

Und es schoss und schoss. Der komplette Brian war eine einzige Rasierschaumsprühdose. Eine Minute verging, und noch eine, und immer noch sabberte es blütenweiß aus dem Plüschlöwen.

„Los, Leute", der Scheibenreiter hatte eine Idee. „Eine Runde *SitSpo.* Zeigt, was ihr drauf habt!"

Die Lautsprecher auf dem Bollerwagen knackten und Reggae erklang. Die Kerle vom Chor wiegten in den Knien und lauschten sich ein.

Das war Bob Marley! Das war der Song vom eisernen Löwen im gelobten Land. *Iron Lion Zion.*

„Na?", drängte der Scheibenreiter schelmisch. „Was singt ihr?"

Es dauerte einen Moment. Bob Marley und die Wailers leierten ihren Song herunter, vom Himmel regnete es weiter weißes Manna für die Kinnpartie und die Oberlippe. Dann, endlich, hatte einer aus dem Chor den Bogen raus:

Brian,
der Lion,
is' am seihen.

Die anderen stiegen mit ein. Auch Mettmännchen, Zoowärter Sprockhövel, El Berfeldo und Co. wiegten ihre Haarscheiben im Rhythmus. Schweißperlen standen ihnen auf der hohen Stirn und dem kahlen Hinterkopf. Der Scheibenreiter hob zufrieden den Daumen.

„Das nenn ich mal die richtige Antwort auf die Sauerei mit der Werbung auf der Schwebebahn", sinnierte El Berfeldo laut, und alle nickten. „Von wegen, Spitzenfußball nur dreißig Kilometer Luftlinie von Wuppertal in Leverkusen."

Brian, der Lion, is' am seihen, legte einer wieder los. Die anderen ließen sich nicht lumpen und sangen ihre Eindeutsch-Karaoke noch, als der weiße Segen von oben versiegt war und die Polizei eintraf, um den Plüschkadaver zu bergen und den Kopf des Maskottchens sicherzustellen.

Bis tief in die Nacht hallte ihr Lied wupperabwärts am Wiesenkotten vorbei bis Schloss Burg, und unvergessen blieb es.

Die unentbehrlichen Kapitel

Kapitel 1

„Wir kommen in einer Mordsache."

Zwei Uhr nachts. Andrea ‚Dick' Amerone strich sich gähnend durch die Haare. Tagsüber trug er sie wie seine Jünger, nämlich als hochtoupierte Langhaarbürste, nur quer. Jetzt lag die Matte platt wie ein trauriges Toupet auf seinem Schädel.

Andrea drückte die Aufzeichnungstaste der Haustürkamera, sicher ist sicher, und kratzte sich die Wangen mit dem Schachbrettmuster aus dicken schwarzen Bartstoppeln und freirasierten Flecken. Vor seinem Laden standen zwei Polizisten und klingelten Sturm. Ein Radau wie bei den krakeelenden Studenten, die sich die Straße runter im *Beatz und Kekse* die Wochenend-Tristesse schönsoffen.

„Mordsache? Ui-jui-jui." Andrea gab das Backenkratzen dran. Er schlurfte zur Haustür und musterte die beiden Beamten genauer, wurde davon munter und winkte sie runter von der Luisenstraße und rein in sein Reich. ‚Morgenstund: Rasur/ Frisur/ Futur', hatte er mit Buchstaben aus Kunsthaar in einen Rahmen aus grober Jute neben der Tür flechten lassen. Die Schutzmänner beäugten es neugierig.

„Gehört der Ihnen?", fragte der eine. „Der Laden, meine ich?"

„Und wie", säuselte Andrea mit Besitzerstolz. „Aber kommen Sie doch erst mal rein in die gute Stube."

Mit Hüftschwung watschelte Andrea voran. Die beiden Polizisten beäugten seine etwas zu pralle Kiste, nahmen ihre Mützen ab und folgten ihm.

„Eine Mordsache, sagen Sie?"

„Naja, nicht ganz. Vielleicht auch nur ein Unfall, oder ein Dummejungenstreich."

Vor ein paar Stunden, sagten sie, sei das Filzkostüm eines Löwen – wie soll man sagen? – geplatzt. Allerdings handelte es sich nicht um irgendeinen Löwen, sondern um das Maskottchen eines Fußballklubs. Das mache die Sache so brisant.

„Und was habe ich damit zu tun?“

„Sie“, hüstelten die Polizisten, „sollen Brian the Lion gestern Nachmittag für einen Kindergeburtstag gebucht haben. Stimmt das?“

„Ein Fußballmaskottchen? Gebucht? Für einen *Kindergeburtstag*?“ Andrea winkte ab. „Iwo!“

„Von dem jungen Mann, der Brian im Rahmen eines Studentenjobs mit Leben und einem Körper füllt, fehlt jede Spur.“

„Meine lieben Herrschaften!“ Andrea wurde deutlich, und deutlich hieß bei ihm frivol. „Junge Männer, die einen mit Körper und Leben füllen, sind mir na*tür*lich nicht egal. Nur weiß ich beim besten Willen nicht, was Sie mir da ...“, mit Buttercreme in der Stimme, „*unterschieben* wollen.“

Die Streifenbeamten sahen sich an wie Laurel und Hardy.

„Aber meinetwegen, schießen Sie Ihre Spe... äh-ja ...kulationen gerne weiter in, ähm, mein Kraut. Wollen Sie dafür nicht erst mal ablegen?“

Die Streifenbeamten sahen sich wieder an wie Laurel und Hardy. Diesmal wie Laurel und Hardy beim Abspann: kurzes Fingerkreisen in der Luft, dann ab durch die Mitte. Nur weg hier.

Morgen war ja auch noch ein Tag, und dann hatten die Kollegen Dienst.

Dann eben nicht, sagte sich Andrea und sah den beiden die überstürzte Flucht nach. So sind sie eben, die Heteros. Fesch vom Scheitel bis zur Sohle, von der Uniform ganz zu schweigen. Aber wenn es ernst wird, den Schwanz einziehen.

Plötzlich wieder schläfrig, schlug er die Tür seines Trendbüros zu und schloss ab. Ein Maskottchenkostüm war ermordet worden, nein aber auch!

Ja, sind wir denn hier im Lande Halligalli, dass sie einem mit so was kommen?

Dann erinnerte er sich: ja, das sind wir. Das Land Halligalli gab es wirklich. Es war sogar die Basis einer Geschäftsidee. Einer sehr guten, wie er fand. Einer Geschäftsidee, die er zusammen mit Dilbert Döpken ausbaldowert hatte ...

Aus: ***Life of Dilbert***
Entrepreneurship!
Wer hätte meinen Großvater und seine sechs davon überzeugen können? Vom Segen des Unternehmertums, von der Brillanz neuer Geschäftsideen?

Wohl niemand. Opa Herbert Döpken war für alles, was mit Ökonomie zu tun hatte, nicht zu begeistern. Er fristete im Kirchhaus zu Katernberg mit Vater und den anderen fünf ein Leben als Pfarrer. Gemeinsam mit Oma Berta blieb er Zeit seines Lebens bescheiden und gänzlich unberührt von der unsichtbaren Hand des Marktes. Die Bibelübersetzungen ins Otjiherero, die er für die Rheinische Missionsgesellschaft Korrektur las, waren sein Ein und Alles. Für die brannte er, und nicht für den schnöden Mammon, wie er zu sagen und an seine sechs weiterzugeben pflegte: an Lambert, Egbert, Siegbert, Adalbert, Roberta und Humbert.

Humbert Döpken, mein Vater, hörte die Schelte des schnöden Mammons nur zu gut, die sein Vater ihm und seinen fünf Geschwistern mit auf den Weg gab. Als er in dessen Nachfolge das Katernberger Pfarrhaus übernahm, trug er in seinen Predigten den Schimpf weiter: geprägt von einer Weltwirtschaftskrise und den zwölf düsteren Jahren menschenverachtender Kungelei zwischen Politikkanaillen und einer Bande korrupter Großindustrieller, die für die Aussicht auf die Einverleibung arisierter Betriebe und die fabelhaften Profitmargen im Marktsegment Rüstung ihre Seelen verkauften.

Mit Unternehmertum durfte man Vater nicht kommen, erst recht nicht in den Jahren nach dem Krieg, als die Verbrecher von gestern sich anschickten, die satten Gewinne von morgen einzustreichen, wie er es seinen sechsen einbläute: Gisbert, Siegbert, Friedbert, Albert, Erna-Berta und mir, Dilbert.

Aus dem halben Dutzend war es Gisbert, der Erstgeborene, der in Vaters Fußstapfen trat und heute die Geschicke der Bertodisch-Reformierten Kirche in Katernberg leitet.

Ich aber, Dilbert Döpken, der Letztgeborene, fand doch noch zu den Theorien des Unternehmertums. Zur hohen Kunst des Entrepreneurship. Und damit zu dem, was im Gegensatz zu den abgestandenen Idealen des religiösen Protestantismus heute zählt.

Was zählt, was zahlt und sich auszahlt. Man muss nur wissen, wie.

Und dafür muss man Ideen haben. [...]

Geschäftsideen gibt es wie Sand am Meer. Nagelstudios, Tätowierstuben, Thai Massage-Salons. Eine solche Idee in einen verlässlichen Business-Plan zu gießen, verlangt kein großes Können. Das macht sich mit links, so was ist schnell erledigt.

Für das ganz große Enterprise brauchst du also mehr (und seien wir ehrlich, nur das reizt uns). Du brauchst den ***Unique Selling Point****. Du brauchst ein* ***High-End-Produkt****. Und du brauchst die Besten aus der Branche.* ***Den*** *Besten.*

Wenn du merkst, das bist nicht du selbst, dieser Beste in dem Business, auf das du setzt – dann musst du dir das besondere Talent einkaufen. An dich binden und zur Not erst mal sorgfältig heranzüchten. Wenn du es selbst nicht hast, dieses Talent, ***dann besorg es dir.*** *Mach dich auf die Suche nach einem Kompagnon.*

So wie Humbert Döpken einmal gemeinsam mit Eugen Drewermann gepredigt hat: Ganz Katernberg war danach wie im Rausch. Oder wie Herbert Döpken selig in den 1930er-Jahren nach Afrika reiste, um vor überlebenden Hereros zu predigen und seinen Sermon auf Zelluloid bannen zu lassen: von Fritz Lang persönlich. Ganz Kino-Deutsch-

land, das den Streifen als Vorfilm zu sehen bekam, überbot sich darin, der Rheinischen Mission zu spenden. [...]

Mein großes Unternehmensprojekt: Haarmode für Millionen. Vornehmlich für solche aus der kaufkräftigen Zielgruppe 14 bis 49 Jahre, und vornehmlich Männer. Das, was Apple für User mit Anspruch und Niveau ist, nämlich ein Muss, sollte ***schneise.de*** *für* ***Haircut Fashion Victims*** *werden.*

Wo *Friseuse* ist, soll ***schneise.de*** werden.

Eine Art Lieferando, nur im Segment Haarstyling. Und am Ende doch nicht Lieferando, da es um mehr geht als ums Makeln, weil alles zentral vorgeben wird, auch die Produkte, auf die sich unsere Franchisenehmer verpflichten. Komplett mit Heimservice und verbindlicher Angebotspalette, immer hart am Trend und ihm manchmal sogar voraus. Lieferando trifft Bofrost, allerdings konsequent für das ***High-End-Segment*** *und nicht die billige Tiefkühltruhenfüllung. Die gute alte Avon-Beratung, allerdings für Männer.*

Das Talent dafür, die Kernkompetenzen, besitze ich selbst leider nicht. Ich kann zwar Entrepreneurship in Theorie und Praxis, aber keine Haare schneiden. Also benötige ich jemanden, der dieses Handwerk exzellent beherrscht. Dazu einen Trendscout mit sicherem Gespür für eine heterogene und anspruchsvolle Klientel. Volatil ist sie auch, die Kundschaft, also brauche ich für die ***Customer Loyalty*** *drittens eine charismatische Type, an der ein Orchesterleiter verloren gegangen ist.*

Am besten bräuchte ich alle drei in einer Person: Coiffeur, Trendsucher und den Moses, dem alle folgen.

Aussichtslos, so jemanden zu finden. Also züchte ich mir einen, wie gesagt. Selbstverständlich mit seinem vollen Einverständnis, zu fairen Konditionen, Stichwort Kompagnon, und garantiertem Mitspracherecht. Das Labor für diese Züchtung ist Wuppertal.

Andrea Amerone schlägt sich bisher prächtig, trotz seiner gerade mal neunzehn Jahre. Als Haarkünstler und Trend-

scout ist er ein Glücksfall. An seinem Talent als Marketender muss er noch feilen. Doch hier helfen ihm die Umstände. Denn die Gebote Gottes, die er als Moses unters Volk zu tragen hat, sorgen wie von selbst für Customer Loyalty. Genauer, sie sind Kundenbindung.

Die Verehrung Gottes, sie ist so stark, dass selbst seine Frisur noch zum Gebot wird. Jedenfalls wenn man es clever vermarktet.

Denn Gott ist Fußballer.

Man muss ihn nur unter Vertrag bekommen. Unter Exklusivvertrag. [...]

Das Morgenstund-Trendbüro ist unser Bunsenbrenner im Versuchslabor Wuppertal. Für ***schneise.de*** *entscheidet sich hier, ob die Geschäftsidee angeht und republikweit aufgezogen werden kann. Den Bundesligafußballern, vor allem den Nationalspielern, muss man ein attraktives Angebot unterbreiten, nur dann steigen sie mit ein. Jeder von ihnen weiß um seinen Marktwert. Und wenn er es selber nicht weiß, dann sein Berater. Anders verhält es sich bei den Nachwuchskickern, die überzeugt man oft mit Styling alleine. Also mit extravaganten Cuts, die das Zeug zur Topfrisur der nächsten Saison haben.*

In Wuppertal gibt es von der ersten Kategorie im Augenblick leider niemanden. Profifußball wird sehr zu unserem Standortnachteil woanders gespielt. Von der zweiten Sorte gibt es dafür mehr als genug, denn wenigstens die U19 des Wuppertaler SV spielt Bundesliga.

Und genau die haben wir im Visier: die Stars von morgen. Bei denen netzwerken wir, das heißt Andrea, und bieten ihnen ***Win-Win-Deals*** *an. Waschen, Schneiden, Föhnen gegen Modeling. Bei Morgenstund in der Luisenstraße entsteht das Haarkunstwerk, und samstags läuft der neueste Schrei aus dem Trendbüro beim Ligaspiel auf und macht die Schalker Nachwuchskicker neidisch, oder die Kölner. Vom Publikum ganz zu schweigen.*

Andrea hat alle Freiheiten, dazu ein kleines Budget für Haarmode-Samples aus aller Welt. Von Maori-Locken und Rastafari-Frisuren bis zu den dicken Haarwülsten der Himba-Mädchen und den Schlangenmuster-Geflechten der Urwald-völker am Amazonas. Dazu Scherköpfe, die millimeterbreite Schneisen rasieren, oder Glätteisen, mit denen der frisiertechnisch ambitionierte Pfauenradschnitt, den die Innenverteidigerin der Franzosen bei der Weltmeisterschaft in Kanada trug, zum Kinderspiel wird.

Erfolge? Bitte sehr. Rein viral, ohne Extramarketing und nur über das Imitieren der Nachwuchssternchen, hat sich Amerones Ohr-zu-Ohr-Irokesenschnitt in der Fan-Szene etabliert. Junge Vollbart-Hipster machen aus dem Cut einen 360-Grad-Iro. Und sogar ältere Semester tragen ihn. Im Stadion zählt er in dieser Spielzeit zum gewohnten Anblick, zur Zoo-Folklore. [...]

Unsere ***Roadmap*** *sieht für die nächste Saison den* ***Launch*** *für* ***schneise.de*** *vor. Dann steht Deutschland auf dem Programm, der Ernstfall. Die Branche interessiert sich für unser Geschäftsmodell, Franchisenehmer fragen bei uns an.*

Bis es so weit ist, bedeutet das einiges an Hausaufgaben für mich. An die Spitzenspieler müssen wir herantreten, Stichwort Exklusivvertrag. Auch mit dem Fußballverband werden wir reden. Und das zügig. Die Konkurrenz schläft nicht.

Kapitel 2

Ein abgestürztes Vereinsmaskottchen, ein blutjunger Haardesigner und die Geschäftsidee eines Unternehmensgründers. Ziemlich wirr das Ganze.

Oder? Findet ihr nicht?

Und jetzt auch noch ich. Laberthier schubst mich auf die Bühne seines Büchleins und beordert mich zwei Tage später nach Wuppertal. An einem fußballbundesligavollen Samstagnachmittag! Und ohne dass ich mich wehren kann, die Verhältnisse sind nun mal so. Er sitzt als Autor am längeren Hebel. Als seine Figur bin ich ihm ausgeliefert. Er ist mein Daseinsvorgesetzter.

Doch auf eins könnt ihr euch verlassen. Mit mir gibt es kein Durcheinander, keine losen Fäden und offene Enden. Immer schön der Reihe nach.

Immer schön der Reihe nach. Ich habe es kaum ausgesprochen, da taucht er auf.

„Fängst du schon wieder so an?“

Die Hände vor dem Bäuchlein gefaltet und das Gesäß bis an die Kante vorgerutscht, fläzt sich Laberthier auf den Stuhl im *Katzengold*. Seine Brille thront auf einem Packen bekritzeltem Papier vor sich auf dem Cafétisch.

„Was willst du von mir?“ Ich fische in meiner Weste nach dem Fahrschein. Köln-Wuppertal einfach. Das Billett halte ich ihm vor die Nase, lasse es dann in seinen Schoß rieseln

„Immer schön der Reihe nach“, äfft er mich nach. „Klaus Vogel, das One-Trick-Pony.“

„Die Rückfahrt am besten gleich mit.“ Ich halte die Hand auf.

„Ich schreibe es dir gut“, wird er doppeldeutig. „Bis zur Rückfahrt wird es etwas dauern.“

Er richtet sich auf, schiebt die Cappuccinotasse zur Seite, greift nach der Brille und gräbt sich mit beiden Händen durch den Haufen Papier. Eine Handvoll Blätter rutscht vom Stapel und purzelt mir in den Schoß. „Life of Dilbert“, steht dick unterstrichen in Krakelschrift auf dem oberen Blatt. Darunter finden sich Ausdrucke von Korrekturfahnen, die ich deswegen sofort wiedererkenne, weil ich in ihnen eine gewisse Rolle spiele.

„Etwas dauern heißt?“

„Ich hab's gleich.“ Laberthier wühlt sich immer noch durch den Blätterklumpen. Den sorgenvollen Ton in meiner Frage überhört er.

„Alles im Lack? Wuppertal tut ja nicht jedem gut, was man so hört.“

„Hier haben wir's!“ Triumphierend hält er mir eine Handvoll Druckseiten vor die Nase. *Alle Böcke beißen* ..., steht auf der ersten.

„Oh, nee.“ Mir wird flau. Genauer, schämflau. Ein bisschen auch schuldigkeitsflau. Mehr als zwanzig Jahre her ist das. Die 1. FC Köln-Geschichte, der Mordanschlag auf die Mieze vom Mittelstürmer, und Klaus Vogel mittendrin. Wenn ich ehrlich bin, komme ich da am Ende nicht gut weg.

„Nicht wirklich gut“, weiß Laberthier meine Gedanken zu lesen. Natürlich weiß er das. Und er legt den Finger in die offene Wunde. „Hier“, pocht sein Zeigefinger auf das Blatt, „das bittere Ende von dir und Martina!“

Treffer.

Martina war damals meine Freundin. Und ihr Bruder mein treuester Saufkumpan, mit dem ich regelmäßig versackt bin, meistens nach FC-Spielen. Rolf hieß er, war ein maximal übergewichtiger Querschnittsgelähmter und fuhr einen entsprechend dicken E-Rollstuhl, was ihm von mir den Kosenamen ‚Isetta‘ einbrachte. Dann kam die Sache mit dem Mittelstürmer-Miezen-Mordanschlag, in die wir uns reinbohrten, weil bei den offiziellen Ermittlungen vieles nicht koscher lief. Dabei lernte ich Moni kennen, die auf der FC-Geschäftsstelle arbeitete. Und dann, tja, kam das eine zum anderen. Am Ende gab Martina mir den Laufpass, und der Isetta gab das Leben den Laufpass. Zumindest um ein Haar. Und eigentlich war es nicht das Leben, sondern ich. Deswegen das schlechte Gewissen.

„Muss das sein?“, meckere ich. „In der Story hier hängen die Fäden heraus wie an meinen angefetzten Hosenschlägen. Es gibt keinen Spannungsbogen, keinen Toten, keine Richtung: nichts. Ein albernes Maskottchen, eine merkwürdig frisierte Rotte Fans, ein noch merkwürdigerer Friseur ...“

„Und ein Entrepreneur!“

„... und du kommst mir mit den ollen Kamellen von damals?“

Laberthier schiebt sich zurück in die Bohémien-Halbliegestellung auf dem Caféstuhl und faltet wieder die Pfoten. Um seine Mundwinkel spielt ein Grinsen, das nichts Gutes verheißt.

„Deine Ex ist die Mutter von Andrea Amerone“, sagt er.

Nächster Treffer.

„---“, antworte ich nicht.

„Nach dem Desaster mit dir hat Martina mit einem gewissen Enzo Amerone angebandelt. Das war damals der Erftkreis-Pate. Ein gehöriger Altersunterschied, aber ... na, du verstehst. ‚Perchè eine bella ragazza wie du sehen aus so triste‘. Die übliche Masche. ‚Martina, bellissima, ische dische consolere.‘ Du kennst Enzo nicht?“

„---.“

„Er machte in Gebrauchtwagenhandel“, schiebt Laberthier nach. „Außerdem in Trattoria, Gelateria, Ristorante, Espressomaschinenwartung, Grappa-Import und Parrucchiere-Bedarf. Selbstverständlich alles gleichzeitig. Ein echter ligurischer Schmierlappen.“

Mir ist längst die Klappe heruntergefallen. Der Berlusconi von Bergheim hatte meine Nachfolge an Martina angetreten.

Hatte sie geschwängert, sicher gleich beim ersten Mal. Und hat dann, ebenso sicher, die Biege gemacht, als ...

„Als Andrea drei war, hat man Enzo im Hafenbecken von Köln-Mülheim gefunden. Aufrecht stehend im Schlick, mit Zementschühchen im Rheinbett, wie ein Kleinkind im Laufstall. Bis dahin hatte er sich rührend um seinen Jungen gekümmert. Martina hat er den Rücken freigehalten und ihr sogar ein Doktorstudium ermöglicht. Ein großer Schock für die beiden."

Ich schlucke.

„Und Andrea hat das nicht verpackt und ..."

„Andrea ist Martinas Augapfel", steuert Laberthier die Sache anders an. „Ich will nicht sagen, sie hat ihn überbehütet. Aber irgendwann wollte der Junge nicht mehr, alles war ihm zu eng, und er ist mit sechzehn weggezogen. Seit er nach Wuppertal ist, fluppt es wieder besser zwischen den zweien. Hier hat er die Schule fertig gemacht, die Ausbildung, sein Talent entdeckt ..."

„Und viel zu viele Bergische Kaffeetafeln abgeräumt." Ich denke an seinen Spitznamen, ‚Dick'.

„Das ist eher Kummerspeck. Wenn er sich mit Jungs tummelt, findet er die meistens toller als sie ihn. Dazu ein Sprüchlein zu viel, und aus dem Turteln wird ein kalter Truthahn." Laberthier schnäuzt sich und seufzt. „Immerhin, den Spitznamen trägt er vor sich her, wie es sich gehört. Richtig mit Gay Pride."

„Und was habe ausgerechnet ich ..."

„Mit ausgerechnet dem Sohn von ausgerechnet deiner Ex zu schaffen?" Kunstpause, dann: „Er ist dein nächster Kunde! Der erste Klient des besten Sozialarbeiters von Köln, den es ins Bergische Land verschlagen hat."

„Ist nicht wahr!"

„Du wirst es erleben. Wehren kannst du dich sowieso nicht. Übrigens, Martina weiß Bescheid. Und sie ist einverstanden! Na, das muss dich doch motivieren. Deine Heldentaten an der Kleinen aus Darmstadt haben sie überzeugt."

Laberthier klopft wieder auf den Stapel Papier. Eitler kann man nicht dasitzen und auf das Buch anspielen, in dem ich der Tochter eines dunkelhäutigen Fußballtrainers aus dem Schlamassel helfe.

„Aha", grunze ich. Die nächste Zeit hält mich Laberthier also gefangen in einer fremden Stadt mit einer Straßenbahn, die die Räder oben auf dem Dach hat. Und das alles, damit ich einem extrovertierten Friseurburschen aus der Patsche helfe. Einer Patsche, von der noch keiner weiß, woraus sie eigentlich besteht. „Motivieren soll mich das?"

„Ich finde, der Vogel kann ruhig mal was an seinem schlechten Gewissen arbeiten."

Entzückend.

„Darf ich wenigstens einen Wunsch äußern?"

Laberthier nickt und tut das auch noch, als ich ihm verklickere, dass ich ganz gerne mal wieder eine Frau kennenlernen würde. Wenn hier schon meine alten Weibergeschichten mit reinspielen und wir sowieso beim Thema sind.

„Ich werde sehen, was sich machen lässt."

Er machte sich aus dem Staub, als ich im Keller für kleine Jungs war und vor der Klotür den Stollen bewunderte, den jemand in Elberfelds Unterwelt gemaulwurft hatte. Also blieb ich auf dem Deckel meines Daseinsvorgesetzten sitzen und vertraute darauf, dass er mir auch den gut schreiben würde. Dann zog ich ab in eine Wuppertaler Samstagnacht, von der ich nur wusste, dass sie angebrochen war. Keine Ahnung, wo ich sie verbringen würde. Keine Ahnung, was sich noch ergab.

Vor der Herder-Schule, unten am Tor gegenüber der Sophienkirche, hockte ein halbes Dutzend kichernder Internatsschülerinnen. Sie soffen Wicküler aus Flaschen und kifften. Auf den Parkbänken im Deweerth'schen Garten mummelten sich die Berber in fadenscheinige Schlafsäcke und paukten Lateinvokabeln.

Die Nacht, dieses Wuppertaler Eigengewächs, kehrte den Tag um und war ihm Revolution.

„Mehr Nacht", dachte ich laut und überlegte leise, ob der großartigen Lady Gaga von Wuppertal so was auch schon durch den Kopf gegangen war. Laberthier wird es wissen, der hat die dreibändige Lasker-Schüler-Taschenbuchausgabe im Bücherregal stehen.

Die Briller Straße war verwunschen. Kein Auto weit und breit, wie verkehrsberuhigt lag sie da. Feen und Elfen spielten auf der Fahrbahn Pusteblumenfederball. Hexen kehrten mit ihren Besen die Rinnsteine aus. Mir wurde schummrig. An einer Kreuzung stand ich eine gefühlte dreiviertel Stunde lang und wartete auf Grün.

Die Uhr auf der Verkehrsinsel zeigte halb neun. Und trotzdem war alles menschenleer. Der Robert-Daum-Platz, auf dem es sonst um diese Zeit nur so wimmelt und der sich lebhafter unterhält als der Rosenthaler Platz zu Berlin, war wie ausgestorben.

Rammdösig schlurfte ich über den Zebrastreifen und auf die Schwebebahnstation zu. Fuhren die rollenden Hollywoodschaukeln noch? Oder war schon Betriebsschluss? Keine Ahnung, pulste es durch meinen Kopf. Keine Ahnung, wie spät es wirklich war.

Und dann polterte es leise von wupperaufwärts heran, ein Geräusch wie bei der Achterbahn auf dem Rummelplatz. Am Ufer vor der Station stand ich mutterseelenallein da und lauschte. Tatsächlich, da ratterte was heran aus Richtung Hauptbahnhof. Müde sah ich auf.

Und war sofort wieder hellwach.

Denn das Ding dort, fünfzig Meter weg von mir, sah nicht nur aus wie eine fette Riesenraupe, die auf mich zu robbte. An dem Vieh hing außerdem seitlich was runter. Ein Sack an einem dünnen Faden.

Der Sack brüllte. Mit seiner Raupe bretterte es auf mich zu.

Und dann passierten zwei Dinge, die zwangsläufig passieren mussten.

Erstens begriff ich, dass es sich bei dem Ding nicht um den Sack unter einer Schwebebahn handelte. Sondern um ein weiteres Kostüm eines Löwenmaskottchens. Diesmal das Maskottchen des Wuppertaler SV.

Pröppi.

Der sprattelte wild herum und gab Angstschreie von sich, die nicht mehr von dieser Welt waren. Das bedeutete, dass in Pröppi tatsächlich jemand drin steckte. Anders als bei Brian dem Löwen unter der Müngstener Brücke.

Zweitens sauste Pröppi quer über die Tannenberger Straße auf die Station Robert-Daum-Platz zu. Das hieß, er raste auf die Kante der Haltestelle zu, die sich in luftiger Höhe über meinem Kopf befand. Mit dem Schwanzende zwischen die geschlossenen Türflügel der Schwebebahn eingeklemmt, fegte das Filzviech seinem Schicksal entgegen.

Pröppi schlug gegen die Kante, hart und dumpf. Und die Angstschreie verstummten.

Kapitel 3

Im Handumdrehen verwandelte sich das unwirkliche Wuppertal zurück in eine gewöhnliche Großstadt mit Koordinaten aus Verbrechen und Gewalt.

Der Fahrer der verhängnisvollen Schwebebahn hockte zitternd auf dem Bahnsteig, neben sich zwei Sanitäter und die Notärztin, und verfiel von einer Rechtfertigung in die nächste. Er habe nicht bemerken können, schwor er, dass da was faul war im hinteren Teil der Bahn. Das Öffnen der Türen, flehte er, habe ganz normal funktioniert und überhaupt: es sei eine gefühlte Leerfahrt gewesen. Wenn jemand an Bord gewesen wäre, hätte er das am Ausschlag der Schwebebahn in den Kurven und an den Haltestationen gemerkt. Die schwankte nämlich dann nicht mehr so stark, sprudelte er, weil das Gewicht der Fahrgäste den Fliehkräften entgegenwirkte.

Über den Robert-Daum-Platz zuckte das Blaulicht von Ambulanzen und Polizeiautos. Aus dem Nichts war ‚Ozzy' Oßman aufgetaucht. Beim Anblick des geschredderten Maskottchens fiel er beinahe in Ohnmacht. Der Haarkranz um sein Kinn und die Schädeldecke lag schlaff da wie ein Weizenfeld nach einem Hagelsturm. Vorsichtig und ohne dass ihn die Polizisten hinderten, näherte er sich dem zerfetzten Pröppi.

Den hatte die Bahn bei der Einfahrt in die Station abgestreift. Jetzt hing er leblos an einem dünnen Faden über dem Steg zwischen Tannenberger Straße und der Haltestellenplattform. Die Binse, die bis eben noch der dicke Maskottchenschwanz gewesen war, hatte sich beim Öffnen der Türe gelöst. Sie war herausgerutscht und hatte sich an der Stationskante verhakt.

Von der Binse knüpfte ihn Oßman klagend ab, dann übernahmen die Polizeibeamten. Den armen Fan und mich baten sie, zur Seite zu treten und sich für Fragen zur Verfügung zu halten. Sie hoben den toten Pröppi-Körper an und zogen ihm das Fell ab. Das heißt, den Reißverschluss herunter.

„Kennen Sie den?“

Kriminalmeister Schliepkorte fragte das. Harald Schliepkorte, Behördenspitzname ‚Pseudokrupp‘. Ein eifriger Frischling, der es mit dem Tatortmanagement offenbar nicht so genau nahm. Jedenfalls ließ er Ozzy und mich an den Matsch aus Blut und Knochen heran, der vor unseren Augen aus Pröppi quoll und kräftig roch. Das heißt, duftete. Nach einer Mischung aus *Égoïste* und Dreiwettertaft.

„Blutwurst? Kölsch? Lecker Mädchen?“, alberte ich. Kölner neigen zum Albern, wenn sie mit Dingen konfrontiert werden, die sie überfordern.

„Das ist Kingsley“, meinte Oßman ernst. „Der Brilli.“ Er zeigte auf ein funkelndes Etwas in dem Gewebemett, das bis vor einer halben Stunde der Kopf des armen Kerls im Pröppi-Kostüm gewesen war. „Und die Reste von seinem Ear-to-Ear“, deutete er auf einen Streifen Haar im Mett. „Das ist Kingsley O'Croy.“

Kingsley O'Croy, dachte ich. So heißen entweder irische Whiskymarken beim Discounter.

Oder Jungfußballer.

„Psst“, raunte ich zu Oßman, während Schliepkorte alias Pseudokrupp aufgeregt von dannen jagte, um seinem Herrchen die Neuigkeit zu apportieren.

Oßman musterte mich vom Speck auf dem Jeanswestenkragen bis runter zu den Rieker-Latschen.

„Was ist?“, meinte er nicht unbedingt freundlich, aber auch nicht unfreundlich.

„Klär den alten Mann von der Straße mal auf. Ich bin zwar Streetworker, aber Wuppertal ist nicht mein Revier. Wer zur Hölle ist Kingsley O'Croy?“

„Uneunzehn“, bekam ich zu hören. „Bester Mann.“

[illegible]? Oder U19? Die vom WSV, die in der Bundesliga mitspielen? Die, von denen Döpken in seiner Entrepreneurs-Predigt dran war?

Schliepkorte kam zurückgestiefelt, im Schlepptau zwei Streifenpolizisten und Hauptkommissar Kristof-Josef von Theben.

Wer denn der junge Mann sei, der den Toten im Plüschkostüm identifiziert habe, fragte der Kommissar und kratzte sich den Gewerkschafterbart. Dienstbeflissen zeigte Schliepkorte auf Oßman, den das alles spürbar einschüchterte.

„Der Junge hat nur seinen ersten Eindruck wiedergegeben", grätschte ich dazwischen. „Vollkommen traumatisiert hat er das getan. Der braucht jetzt erst mal seine Mutter, einen Arzt und vor allem ein bisschen Beistand, ehe das hier weitergeht."

Auch von Theben musterte mich von oben bis unten.

„Harry, hol schon mal seine Mutti", kalauerte er zu Schliepkorte.

„Pröppi war bestimmt auch gebucht", stichelte der eine Streifenbeamte.

„Für einen Kindergeburtstag", ergänzte der andere.

„Und für den guten Krupp jetzt nochmal im Klartext, Bronco", sagte von Theben, der die Sprüche mitbekommen hatte. „Raus damit, Hubsi."

In dem Moment begriff ich zum zweiten Mal an diesem Abend zweierlei auf einmal.

Erstens, dass sie bei der Wuppertaler Polizei alle sehr entspannt miteinander waren. Unabhängig von Diensträngen und Hackordnungen duzten sie sich und trugen niedliche Spitznamen. Bronco, Hubsi und Krupp, was eigentlich der Kosename eines Kosenamens war: Kristof-Josef alias Kristof-Jupp, gekürzt zu Krupp.

Zweitens merkte ich, dass die Sache allmählich in meine Richtung lief. Denn natürlich brachten Bronco und Hubsi ihren nächtlichen Besuch in Andreas Morgenstund-Trendbüro aufs Tapet. Die beiden waren vorletzte Nacht ausgerückt, weil irgendwer auf *www.rot-blau.com* gepostet hatte, dass Andrea das Bayer 04-Maskottchen für eine Feier gebucht haben soll.

Krupp von Theben stand auf dem Schlauch. Er konnte weder mit Brian the Lion noch mit Andrea Amerone was anfangen. Das Ganze ging eine Weile hin und her – und zwischendurch kam Schliepkorte mit Ozzys Mutter angerauscht, die mit vollem Namen Nele Neger-Oßman hieß und ein ziemlicher Feger war. Kurz dachte ich, Laberthier, ick hör dir trapsen.

Das Trapsen bekam allerdings nur ich mit. Frau Neger-Oßman nahm von mir keinerlei Notiz, während sie ihren Sohn betüddelte, der sich prompt in die Sache mit Andrea und den Maskottchen einschaltete.

„Der Kingsley und der dicke Dick“, hielt er für Schliepkortes Protokoll fest, „die kannten sich. Aber so was von. Der Amerone hat erst den Kingsley gebürstet. Seine Frisur meine ich. Und dann uns.“

Doppelt zweideutig war er damit, der Oßman junior.

Denn er und seine Kumpels von der Horst-Szymaniak-Tribüne ließen sich schon länger bei Andrea die Haare machen. Für sie war er *der* Haarmacher, ein friseurgewordener YouTube-Star mit unzähligen Abonnenten. Auch O'Croys Frisur hatte Andrea Amerone zu verantworten: anders als die Fans kriegte der den Schnitt allerdings für umsonst.

Außerdem war Andrea Kingsley nachgestiegen, jedenfalls ein bisschen. Und dabei abgeblitzt. Zu viel Speck auf den Rippen, um einen Nachwuchsstar vom Hetero zum Homo konvertieren zu lassen, vermutete Ozzy.

Nele Neger-Oßman nickte die Worte ihres Sohnes ab und unterzog mich dabei der dritten Musterung innerhalb der letzten halben Stunde. Eine Musterung, die ich leider nicht bestand. Ohne weiteren Blickkontakt zog sie mit ihrem Filius ab, als Krupp von Theben mit einem Kopfschütteln keine weiteren

Fragen hatte. Er gab Hubsi und Bronco noch schnell Flüsterorder und suchte mit Schliepkorte am Rockzipfel eilig das Weite.

Wieder war ich auf mich allein gestellt, das zweite Mal in dieser Nacht.

Nur dass mir diesmal sofort klar war, was anstand. Ich rannte die Friedrich-Ebert-Straße rauf, am WDR vorbei und links in die Untergrünewalder Straße. Das *Katzengold* auf der Ecke ließ ich rechts liegen, das *Café du Congo* gegenüber auch. Die Tür zum Trendbüro stand sperrangelweit offen, und niemand anderes als der windhundschnell durch Elberfeld gehuschte Hubsi bewachte jetzt mit der Pfote auf dem Colt den Eingang. Ich ging hinter einer Mülltonne in Deckung und wartete.

Es dauerte keine zwei Minuten, bis der ebenso windhundflinke Bronco aus dem Hausinneren auf dem Trottoir auftauchte, den Kopf schüttelte und zu seinem Funkgerät griff: wohl um durchzugeben, dass Andrea Amerone nicht bei sich zu Hause war.

Hubsi zuckte mit den Schultern, dann lehnten sie die Eingangstür an und verschwanden. Ich ließ sie Land gewinnen, ehe ich mir den Schlamassel besah. Die Tür hatten sie mit Gewalt aufgestoßen, sie hing nur noch in der unteren Angel und ließ sich nicht mehr richtig schließen.

Vorsichtig hebelte ich sie auf und betrat das Morgenstund. Drinnen war es stockfinster, meine Augen gewöhnten sich nur langsam an die Dunkelheit.

„Andrea?“, raunte ich in den Flur. „Bist du da drin? Ich bin’s.“ Dann fiel mir ein, dass der Bursche mich noch gar nicht kannte. Also stellte ich mich mit halblauter Stimme vor. „Keine Angst, ich bin kein Bulle. Ich bin der Ex deiner Mama und will dir helfen. Früher mal der beste Kumpel von deinem Onkel Rolf bin ich auch.“ Schön idiotisch sprach ich das in ein verlassenes Erdgeschoss in einem Elberfelder Wohnhaus hinein.

Die Reaktion war keine Reaktion. Nichts war zu hören. ‚Dick‘ war tatsächlich abgehauen. Na super!

Wenigstens erkannte ich nach und nach mehr. Die Schemen der nächtlichen Wohnung wichen klaren Umrissen. Schaufensterpuppen standen auf einem Wollteppich, nackt wie der Kaufhaus-Designer sie geschaffen hatte. Auf einer breiten Anrichte dahinter thronten Frisuren auf einem Dutzend Glasköpfen und Perückenhaltern aus Styropor. Ein Flipchart mit Kohlestiftzeichnungen und Fotografien von Frisuren aus aller Welt, fein säuberlich nebeneinander aufgereiht. In einem Nebenraum ein weiterer riesiger Tisch mit Köpfen, vom Licht der Straßenlaternen durch die schmalen Ritzen der heruntergelassenen Rollläden beleuchtet.

Wie in einem Horrorkabinett standen die Köpfe da, hatten bekannte Gesichter und trugen fremde, aber durchaus raffinierte Frisuren. Thomas Müller schaute mich aus toten Plastikaugen an. Andrea hatte ihm eine dichte Kurzdauerwelle verpasst, knapp vorm Minipli, die ihm das Aussehen von Atze Schröders Reinemachefrau verlieh. Neben Müller stand der geköpfte Bastian Schweinsteiger, an dem Andrea grauweiße Stiletto-Koteletten ausprobiert hatte, die aus einer schlohweißen Popper-Matte heraushingen und wie dünne Headset-Mikrofone aussahen. Auch Kevin Großkreutz und Marcel Heller erkannte ich, deren Wangen hauchdünne Sprechblasen aus Barthaar zierten. Spitz auf die Mundwinkel liefen die Blasen zu und waren innen mit üblen Kraftausdrücken volltätowiert.

Ideen hatte Andrea ja, dachte ich und beugte mich vor, um auch die hintere Reihe der Berühmte-Köpfe-Parade in Augenschein zu nehmen. Kevin de Bruyne mit scharf gefräster Arturo-Vidal-Frisur und Arturo Vidal mit der blässlich-roten Nullachtfünfzehnfrisur von de Bruyne, Marco ‚Toni‘ Sailer mit dem Hologramm einer Marienerscheinung im Zwergnase-Vollbart: lauter trendige Kicker aus der Bundesliga. Nur einer passte nicht rein. Harald Glööcklers kalkweiße Visage mit fein ausrasierten kleinen Hautquadraten im schwarzen Vollbart und aufgeklebten Strass-Steinchen auf der sehr hohen Stirn, die von einem perlenbestickten Trümmerfrauenkopftuch eingefasst war.

Tja, Fußballer oder nicht, der Lackel gehört halt mit zu den Trendsettern. Ich ging die Reihe weiter durch, gelangte zu den Retrofrisuren, Marco Reus trug einen originalen Rudi-Assauer-Schnitt und Höwedes einen 74er Paul Breitner ...

„Mein lieber Herr Bär!"

Ich erschrak fast zu Tode, fuhr zur Seite und suchte im Halbdunkeln nach dem Typen, dem die Stimme gehörte.

„Ganz ruhig, Herr Bär." Von schräg unten kam die Stimme, von einem dieser Köpfe. „Ist doch alles klar", da! Der Glööckler!, „auf der Andrea Doria!"

So lernten Andrea und ich uns kennen.

Und der Sohn meiner Ex verklickerte mir, warum er den Glööckler gemacht hatte.

Als die beiden Polizisten vorhin vor seiner Haustür aufgetaucht waren und er sie über die Haustürkamera wiedererkannte, wurde ihm klar, dass sich da was zusammenbraute. Die würden dieses Mal nicht wieder einfach so abziehen, sondern ihn mitnehmen. Abhauen durch irgendwelche Hintertüren war nicht, also kam er auf die Idee mit der Maskerade. Das Kopftuch über dem Querschädel-Irokesen, eine Handvoll Klebetränen auf die Stirn, dann unter den Tisch gekrochen und den Kopf nach oben durchgesteckt. Geflucht hatte der eine Bulle, aber nichts gemerkt.

„Und für die ramponierte Tür hab ich dich als Zeugen, Bärchen."

„Die Polizeirandale bleibt fürs Erste schön unter uns", konterte ich. „Wieso überhaupt Bärchen?"

Andrea erzählte mir was von Mr. Bear, zu dem ich das Zeug hätte. So behaart wie ich aussehe, und so knüsselig. Das mit dem Bär sei Schwulenjargon. Mit ‚Chubby' hätte er mich im Übrigen genauso gut erschrecken können, flötete er.

„‚Chubby‘ für einen älteren Gay, der auf jüngere steht.“

„Dann halte ich mal dagegen und tauche dich unter Eiswasser.“ Kunstpause. „Für wie süß hältst du eigentlich einen gewissen Kingsley O'Croy?“

Andrea verstummte, kratzte sich den Schachbrettvollbart und piddelte an einem Strass-Steinchen auf seiner Stirn. Sagen tat er nichts.

Also holte ich aus. Dass O'Croy unter eine Schwebebahn geraten und dabei ums Leben gekommen war. Und dass der Kommissar ihn, Andrea ‚Dick' Amerone auf dem Kieker hatte als jemanden, der mit dem Tod des jungen Kerls zu tun haben könnte. Weil Kingsley nämlich, erstens, in einem Löwenkostüm gesteckt hatte, dessen zotteliger Leverkusener Artgenosse angeblich von ihm, Andrea, für eine Feier gebucht worden war, ehe er von einer sehr hohen Eisenbahnbrücke über der Wupper zu hängen kam und dabei über die Wupper ging. Und weil es zweitens den Hinweis eines Fans namens Oßman gab, demzufolge er, Andrea, bis über beide Ohren in eben den jetzt mausetoten Kicker verschossen gewesen sein soll, ohne dass Kingsley diese Schwärmerei erwidert habe.

„Deswegen der zweite Besuch der Buben mit dem Blaulicht vorhin“, kam ich zum Schluss. „Und deswegen mein Auftritt als dein Retter in der Not. Das heißt, vorausgesetzt, du kannst mir glaubhaft machen, dass du mit dem Tod von Kingsley O'Croy nichts zu schaffen hast.“

Beweisen konnte Andrea das natürlich nicht. Ein Alibi für die Tat- und Todeszeit des armen O'Croy konnte er aber liefern. Nachmittags war er bei einem Fußballspiel, und zwar dienstlich, wie er meinte. Am frühen Abend hatte er mit der Mutti telefoniert und sich dabei komische Andeutungen anhören müssen, auf die er sich keinen Reim machen konnte. Manchmal sei das Schicksal ein Arschloch, manchmal ein Mann, manchmal beides, zitierte er Mama Martina: „Wenn es so weit ist und du vor ihm stehst, dann wehr dich nicht dagegen und versuch ihm zu vertrauen", denn „eine Chance hat es verdient".

Das Telefonat mit Martina war noch nicht alles, und ehrlich gesagt war es für ein wasserdichtes Alibi auch nicht genug. Mal ganz abgesehen von den frivolen Anzüglichkeiten in meine Richtung, die Andrea seiner Mama in den Mund legte. Für den weiteren Verlauf des Abends hatte er aber auch was parat. Und jemanden, der das zur Not bezeugen konnte, hatte er auch: Dilbert Döpken ...

Aus: ***Life of Dilbert***

Im Entrepreneurship gibt es Faustregeln und unumstößliche Weisheiten.

„Große Rivalen, lange Qualen", lautet eine.

Wenn zwei Unternehmen auf ein- und dieselbe Geschäftsidee setzen und über genügend Kapital verfügen, um Rückschläge wegzustecken und Durststrecken zu überstehen, müssen sie sich auf einen zermürbenden Verdrängungswettbewerb einstellen. Große Rivalen, lange Qualen eben.

schneise.de *hatte so einen Konkurrenten.*

‚Matte auf Platte' nannte er sich. Auch er machte in ***High-End-Hairstyling*** *für modebewusste junge Leute, auch er setzte auf Topfußballer als Trendsetter. Anders als wir hatte ‚Matte auf Platte' allerdings keinen Andrea Amerone, der den Fußballprofis seine Frisuren schmackhaft machte. Stattdessen ließen sie die Kicker bei der Wahl ihrer Haartracht unbeeinflusst und imitierten deren Kreationen nur. Dafür hatten sie viel frisches Geld im Kreuz. Der Mann hinter ‚Matte auf Platte' hatte beste Verbindungen in die Chefetagen der Kosmetik- und Haarpflege-Industrie.*

Das Besondere an ‚Matte auf Platte' war ihr Vertriebskonzept. Während wir auf ***Online-basiertes Franchise*** *setzten, ließ unser Rivale das Internet komplett außen vor und verlegte sich auf Hotspots in der wirklichen Welt. In den*

Arenen der Top-Clubs wollten sie Logen anmieten und zu Friseursalons umfunktionieren. Oder, wenn das nicht auf Anhieb gelang, schicke ***Haircut-Container-Boxen*** *im* ***Merchandise-Areal*** *der Stadien aufbauen. Hauptsache flächendeckend: Hauptsache, an jedem hochklassigem Fußballstandort gab es auf lange Sicht eine ‚Matte auf Platte'-Frisierstation. Dorthin sollte es die Clients locken, wie Touristen zur Notre-Dame oder zum Kölner Dom. Das Ambiente der Stadien, die exklusive* ***Location*** *sollte die Kunden in ihren Bann schlagen, mit Hotelketten und Ticketkontingenten der Vereine feilten sie an Komplettangeboten: einmal übernachten und Fußball gucken einschließlich waschen, schneiden, föhnen.*

Unterm Strich setzten sie also auf hochwertige Vertriebsorte und machten dafür Abstriche bei der Qualität und Innovation ihrer Produkte. In den Stadien rasierten Kommissionsfriseure die sattsam bekannten dünnen Linien aus, mal als tiefen Scheitel und mal als Grenze zwischen kurz geschorener Seite und dem Langhaar oben mittig. Über die Hitlerjugend-Bürste, wie Andrea den Cut spöttisch nannte, gelangten sie selten hinaus.

Wir dagegen setzten auf ihn, Andrea, unseren Trendspürhund. Bei uns war, wenn man so will, der Friseur der Star, und nicht das Stadion. Um herauszufinden, welches Geschäftsmodell die besseren Aussichten hatte, nahmen wir Geld in die Hand und wagten die Probe aufs Exempel.

Wir mieteten uns an zwei aufeinanderfolgenden Spieltagen Stadionlogen in Köln und Düsseldorf und bewarben das ***Erste schneise.de In-Arena-Haircut-Event*** *mit Rundfunkspots, Internetbannern und Anzeigen im lokalen Print. Bei dem Kölner Termin ließen wir Andrea selbst mit Schere, Kamm und Glätteisen ran. Bei dem zweiten Event, dem in Düsseldorf, war er zwar dabei, plauderte und ließ Selfies mit sich schießen. Doch er frisierte nicht. […]*

Die Investition in die beiden Logenmieten lohnte sich.

In Köln rannten die Leute uns förmlich die Bude ein. Andrea kam auf achtunddreißig Cuts in zweieinhalb Stunden, die rund zwei Dutzend nicht zum Zuge Gekommenen musste er mit Coupons für einen Schnitt in seinem Morgenstund-Trendbüro vertrösten.

In Düsseldorf, wo wir mit dem In-Arena-Haircut-Event auf eine besonders interessierte Kundschaft spekulierten, verloren sich gerade einmal sieben Haarschnitt-Interessenten in unsere Loge. Fünf von ihnen ließen sich von angeheuerten Kräften aus Fast-Cut-Läden bedienen, zwei zogen unverrichteter Dinge wieder ab, als sie erfuhren, dass Andrea Amerone nur zum Autogrammeschreiben gekommen war.

Am Abend nach dem Probeballon in Düsseldorf verabredete ich mich mit Andrea, um Bilanz zu ziehen.

Wir waren einer Meinung, dass sich unser Modell am Markt durchsetzen würde, und nicht das von ‚Matte auf Platte'. Das war zwar noch kein Grund zum Feiern, aber auf erfolgreiche Zwischenetappen wie diese durfte man schon einmal anstoßen.

Denn schließlich sprachen sich solche Testläufe in der Branche herum und setzten die Konkurrenz unter Zugzwang.

„Nochmal zum Mitschreiben“, hakte ich nach. „Fortuna Düsseldorf gegen SV Sandhausen, das sind ja so komische Zweitliga-Partien mit so komischen Anstoßzeiten. Ein Uhr mittags, da frühstückt unsereins normalerweise noch.“

„Plus danach noch Smalltalk, Foto hier, Shakehands da, bisschen was Popotätscheln“, erklärte Andrea. Erst um sechs sei er wieder in Wuppertal gewesen. Dann Mami anrufen und ab ins Briller Viertel, zum Kriegsrat bei Döpken zu Hause.

„Krupp von Theben und Pseudokrupp Schliepkorte werden sich die Auskunft auch einholen“, grübelte ich laut. „Von Döpken, meine ich.“

„Das sollen sie mal versuchen“, flötete Andrea.

Was immer das jetzt heißen sollte. Aus dem Augenwinkel nahm ich ihn auf den Blickspieß, bekam aber nur ein freches Grinsen zurück. Und ein Gähnen.

„Feierabend alle“, gab ich nach. Es war kurz vor drei. „Ein paar Stündchen Schlaf, dann geht's weiter. Schließlich bist du den Wachtmeistern Hubsi und Bronco noch eine Erklärung schuldig. Wo kann ich pennen?“

„Du willst jetzt bubu machen?“ Schlagartig verschwand das Gähnen aus Andreas Visage. „Hier bei mir?“

„Und wie.“ Ich stöberte durch das Trendbüro, suchte und fand ein Fauteuil.

Dann halt Sitzschlaf. Besser als unbequem auf dem Fußboden und mit dem Hintern zur Wand.

Kapitel 1

Hell und kräftig schien die Sonne auf Wuppertal. Durch die Jalousien kitzelten ihre Strahlen meine Nasenspitze. Und mich aus dem Schlaf.

„Komm nach Haus, zieh dich aus, wo André schon auf dich wartet“, säuselte es von nebenan. Außerdem duftete es verführerisch.

„Der Gafföh ist fertig“, brummte ich. „Schwarz, ohne Zucker und bitte net unhoamlich zöatlich.“

Ach ja, die alten Werbespots. Als die Fernseher noch Röhren hatten und zwanzig Kilo wogen. Ein Retro-Werbesprüche-Wettbewerb, das wär mal was Feines!

„Muss ich wirklich mit auf die Wache?“ Wimpernklimpernd reichte Andrea mir den Kaffeepott. Ich verstand die Welt nicht mehr.

„Was heißt hier *mit*?“, blies ich Sturm in den Pott. „Du gehst da hin, und zwar schön alleine.“

Ich setzte ihm auseinander, dass niemand anderes als er selbst den Verdacht entkräften konnte, den man im Polizeipräsidium seit heute Nacht gegen ihn hegte. Und dass ich nicht vorhatte, ihn dabei zu begleiten.

„Was spräche dagegen, dass du ...?“

„Weil dann *ich* in Erklärungsnot gerate“, haute ich dazwischen. „Wie soll ich denen denn verklickern, dass der Augenzeuge vom Tatort noch in der Nacht zufällig mit dem Hauptverdächtigen ins Plaudern kam? Wie und *wo*, nachdem die Streife zur frühen Morgenstund im Morgenstund umsonst angeklopft hatte?“

„Tja, wo?“ Andrea grinste verschlagen. „Vor allem, wo*her*? Woher wusstest du, wo du mich finden würdest? Um dann auch gleich hier angetanzt zu kommen.“ Der Knabe versuchte mich auszuspielen. „Wenn ich wirklich zur Polizei ginge“, summerte er scheinheilig, „müsste ich ganz auspacken.

Schon allein der Ordnung halber. Ich müsste denen erzählen, dass ich spätnachts noch Besuch hatte von ausgerechnet einem der Tatzeugen. Und Mama ..."

„Würde das auch nicht prickelnd finden", giftete ich seinen Gedanken zu Ende. Die Sache war klar, Klein-Andrea wollte mich mit reinziehen in die Sache und zögerte nicht, dafür den faulen Trumpf mit meinem schlechten Gewissen auszuspielen.

Meinem Vertrauen zu ihm tat das keinen Gefallen. Hatte er vielleicht doch Dreck am Stecken? Und was hatte es wirklich auf sich mit diesem Dilbert Döpken?

Ich überlegte einen Schluck lang, ballte die Faust in der Tasche und machte ihm einen Vorschlag. Dann warf ich mir die Jeansweste über und zog grußlos ab.

Ganz Elberfeld war auf den Beinen, trotz oder gerade wegen des Sonntags. Gottesdienstbesucher strebten nach dem Hochamt den Eisdielen zu oder machten sich in Mannschaftsstärke auf zum Frühschoppen. Der Platz vor der Laurentiuskirche war ein einziges Wimmelbild aus Sonnenanbetern, Flaneuren, Tratsch-und-Klatschern und Zuhörern, die vor einer kleinen Bühne einem Männerchor lauschten, dessen Vortrag der Wind forttrug. In aller Munde war der nächtliche ‚Schwebebahnmord'.

In Windeseile hatten überregionale Boulevardzeitungen und ein lokaler Radiosender den Begriff unters Volk gebracht. Kopfschüttelnd wischte ich auf meinem Smartphone durch die Meldungen und lauschte den Gesprächen der Leute auf der Straße.

Wer tut sowat? Den einfach so aus der Schwebebahn bömmeln lassen, und dann schüss gegen die Planke.
Der Kingsley O'Croy, war der nicht sogar in der U-dingens-Nationalmannschaft?
Von jetzt auf gleich nur noch Gekröppels. Der arme Kerl.
Woher willste dat wissen? Vielleich hatte er gepöselt un sich dann im Pröppi ein Späßken erlaubt, der Killefitz.

Hat der WSV eintlich noch ein zweites Pröppi-Kostüm?
Wegen heut Nachmittach meinste? Die spielen doch auswärts.

Bloß weg hier, durch die Fußgängerzone runter zur Schloßbleiche und von da mit der Schwebebahn bis Völklinger Straße. Auch hier um mich rum das Gebrabbel, während ich die Textnachricht für später vorbereitete.

So ein junger Bengel noch.
Das U19-Spiel nachher hamse abgesagt. Die Erste spielt aber.
Warste mal im Forum?
Suizid, steht da. Kann ich nicht glauben.
Oder der schwule Moppelfriseur.
Von dem wollte Kingsley sich nur obenrum bürsten lassen.
Und dann wurde der Klops patzig. Glasklares Motiv.

Beim Pförtner im Polizeipräsidium an der Friedrich-Engels-Allee gab ich mich als Zeuge aus, der für den Vormittag noch mal einbestellt worden sei. Ich hatte Glück. Direktemang landete ich im Büro vom diensthabenden Mordschnüffler, und das war in diesem Fall der emsige Pseudokrupp.

„Herr Schliepkorte, mir ist da noch was eingefallen“, legte ich los und setzte dem Kriminalmeister meine Räuberpistole auf die schmale Brust. „Kurz bevor die Schwebebahn mit dem jungen Kicker untendrunter auf die Station zuraste, war da noch jemand auf der Straße. Ich meine, außer diesem Ozzy und mir.“ Ob das Zufall war oder nicht, könne ich natürlich nicht beurteilen, sagte ich und wartete auf Pseudokrupps Reaktion.

Der murmelte was in sich hinein und ließ sich eine Beschreibung von dem vermeintlichen dritten Zeugen geben. Ich lieferte ihm eine graue Maus, gegen den der Mann ohne Eigenschaften ein habsburgischer Zampano in Regenbogenblazer und bunt geflickter Harlekinhose war.

„Hat er sich wenigstens irgendwie verdächtig verhalten?“, resignierte Pseudokrupp.

„Er lungerte halt rum. Dann überschlugen sich die Dinge, und ich habe nicht mehr auf ihn geachtet. Als ich irgendwann noch mal hinsah, war er verschwunden. Wie vom Erdboden verschluckt.“

„Auch das noch.“ Aus Schliepkorte sprach die schiere Verzweiflung. Oder die Überforderung. Oder beides. Ich nahm ihn ein wenig in den Arm.

„Ihr setzt hier ziemlich auf diesen Friseur, was? Und habt sicher schon was in der Hand, Spurenauswertung und so. Na kommen Sie, da kann Sie ein Zeuge, der einen neuen Zeugen gesehen haben will, doch nicht erschüttern.“

„---.“

„Was ist mit dem Toten und seinem Kostüm, diesem Pröppi? Da habt ihr die Forensik doch längst dran rumpudern lassen.“

Haben wir, schwieg mir Pseudokrupp augendeckelflackernd zu. Es las sich wie die Bestätigung, dass das Labor nichts sicher sagen konnte, aber auch nichts ausschloss.

„Also habt ihr eine Fahndung raus“, tastete ich mich vor in die spannenden Bereiche. „Wenn er wirklich abgetaucht ist, die einzig vernünftige Maßnahme.“

„Hängt vom Kommissar ab“, seufzte Pseudokrupp. Das Original, das er mehr schlecht als recht zu kopieren versuchte, war heute im Frei. Krupp von Theben würde morgen früh die Lage checken und dann entscheiden, wie weiter.

Na, sagte ich mir, dann will ich euch mal auf die Sprünge helfen. In meiner Jackentasche fingerte ich nach der richtigen Taste auf dem Smartphone.

„Dieser Kingsley O’Croy war als Fußballer eine ziemliche Rakete“, sagte ich beiläufig. „Den hatten sicher auch andere Vereine auf dem Zettel.“ Erste Liga und Ausland, meinte ich. „Hatte der mit seinen süßen siebzehn eigentlich einen Berater?

Und überhaupt, sein Umfeld. Ging es bei den O'Croys zu Hause normal zu, waren sie bodenständig? Oder ließen sie sich den Kopf verdrehen von der Aussicht auf teure Liftings, schicke Flitzer und eine Penthouse-Wohnung in Düsseldorf?"

Schliepkorte sah mich an wie ein Auto. In die Richtung habe ich noch gar nicht gedacht, sagten mir seine übernächtigten Scheinwerfer. Er langte nach einem Griffel und begann, sich eine Notiz zu machen, als sein Telefon ging.

Der Pförtner war dran und stellte einen Anrufer durch.

„*Sie?*", blökte Schliepkorte in den Hörer, während ich mich kleinmachte, um ihn nicht auf dumme Gedanken zu bringen. Zum Beispiel den, mich vor die Tür zu schicken, während er mit Andrea telefonierte.

Natürlich bekam ich nur die Hälfte mir. Pseudokrupp war aber so freundlich, hin und wieder nachzufragen und laut zu wiederholen, was der abgetauchte Tatverdächtige ihm zu beichten hatte. Das langte, um mir einen Reim machen zu können.

Ja, reim-reim, auch er, Andrea Amerone, stehe unter Schock. Die Nachricht vom Tod seines WSV-Lieblings und besonderen Morgenstund-Kunden habe ihn schwer getroffen. Wo er jetzt stecke? In Frankfurt, zusammen mit seinem Kompagnon von *schneise.de*, um beim DFB in der beinahe gleichnamigen Otto-Fleck-Schneise – ist das nicht witzig, Otto-Fleck-Schneise.de, was sich da werbemäßig alles mit anstellen ließe – ist ja gut. Also, mit Herrn Döpken sei er noch in der Nacht nach Frankfurt gefahren, um nach dem erfolgreichen Haareschneide-Testlauf in zwei Stadionlogen mit den Fußballbossen zu frühstücken. Jawohl, Herr Döpken könne das selbstverständlich bestätigen, den habe er am Abend in seiner Briller Villa besucht und nach einem Telefonat mit dem SPM-Director der DFL habe man sich spontan auf den Weg gemacht, um der Konkurrenz zuvorzukommen und einen Kooperationsvertrag für eine Juniorpartnerschaft anzubahnen. SPM? Für Sponsoring, Partnership, Marketing.

„Und da sind Sie auch jetzt noch?“

Jawohl, in Frankfurt sei er auch jetzt noch. Das Frühstück wurde zum Brunch. Ein paar Herren vom DFB-Präsidium seien dazugekommen, die hätten auch schnell Feuer gefangen und wollten ausführlicher eingewiesen werden in diese schicke Geschäftsidee. Der O-Ton von ihrem Boss war das. Schicke Geschäftsidee.

„Aha.“

Ja, und will man es glauben? Die wollen sich doch tatsächlich um-ge-hend intern abstimmen, ehe nachher in der Kommerz-Arena die Eintracht gegen Wolfsburg ranmuss und die besonders wichtigen Vertreter der DFL eintrudeln. Damit man bei denen schon mal was andeuten könne. Am besten wäre es, wenn Döpken und er, Andrea, noch eine Weile dablieben.

Schliepkorte kratzte sich am Kopf. Die Details von wegen Firmengründung und die Interna aus der fremden Welt der Fußballfunktionäre überforderten ihn.

Und ich hielt die Luft an und hoffte, dass Schliepkorte es nicht mitbekam. Andrea, dieser elendige Pelzlutscher, log, dass sich die Balken bogen. Einfach so, vollkommen ohne Not und das vor der Polizei! Kerl, wie bescheuert bist du eigentlich?

Die Antwort dauerte keine zwei Minuten, und sie lautete: immer noch bescheuerter. Zweimal mehr als du annimmst. *Immer* zweimal mehr. Denn nachdem Schliepkorte ihn um Döpkens Nummer gebeten hatte, um die Angaben zu überprüfen, und alles auf ein schiedlich-friedliches Gesprächsende ohne Vorladung auf dem Präsidium zusteuerte, haute Andrea noch einen raus.

Wer denn eigentlich für die Tür aufkäme, die ihm heute Nacht eingetreten worden sei, fragte er. An wen er sich da wenden müsse, jetzt wo der Sonntagsnotdienst-Schreiner da gewesen wäre und eine satte Rechnung ankündigt hätte.

Mir stockte der Atem. Wenn Pseudokrupps Hirn jetzt auch nur auf einem Viertel vom Normalbetrieb lief, flog meinem

Dickerchen diese Unverschämtheit um die Ohren. Jetzt, hier, jeden Moment.

Schliepkorte wurde auch förmlich. Nicht mit ihm und erst recht nicht *bei* ihm sei das zu klären, brummte er böse. Überhaupt, räusperte er sich und verfiel in grübelndes Schweigen.

Noch drei Sekunden, dachte ich, dann hat er's. Noch zwei.

Noch eine.

Und ... dann noch eine. Und, man glaubt es nicht, noch eine. Ich witterte Morgenluft, richtete mich auf und hob die Hände. Huhu, ich bin auch noch da, sollte ihm das bedeuten, brauchen Sie mich noch? In der Hoffnung, dass es ihn ablenkte.

Als Antwort klopfte seine offene Hand Luft, schön gleichmäßig von oben nach unten. Momentchen noch, übersetzte ich das Winken, sitzen bleiben.

Schicksalsergeben hockte ich mich wieder hin und wartete, was kam. Wartete weiter. Dann, nach einer gefühlten Viertelstunde machte Schliepkorte Anstalten, etwas zu sagen. Offenbar hatte er zu Ende gedacht. Sozusagen ausgedacht.

„Dann schlagen wir gleich mal zwei Fliegen mit einer Klappe", sprach er in den Hörer. „Sie regeln das mit dem Schaden persönlich beim Polizeipräsidium Wuppertal. Und lassen sich bei der Gelegenheit auch mal bei uns blicken. Adresse ist dieselbe."

Sieh mal einer an, dachte ich, der kann auch spitz und boshaft werden. Zum Glück nicht spitz, boshaft *und* helle. Sonst hätte er ihn sofort einbestellt. Oder, wahrscheinlicher noch, die Funkzelle von Andreas Handy herausfinden lassen und den Zugriff eingeleitet.

So aber ließ er Andrea vom Haken, kritzelte ein paar Notizen in seinen Block und widmete sich wieder mir.

„Schaut so aus, als könnten wir die Nummer eins auf der Liste der mutmaßlichen Killer wieder streichen", hörte ich ihn sagen. „Und Sie erinnern sich wirklich nicht genauer an den Mann auf der anderen Straßenseite?"

Wutschnaubend lief ich die Wupper entlang zurück nach Elberfeld und überlegte, wie ich dem Bengel am besten beikam. Immer noch schien die Sonne fein vom Himmel. Besänftigen konnte mich das nicht. Genauso wenig wie die fröhlichen Schnabulierer in der Fußgängerzone. Oder das Rudel Rentner vor dem Innenstadt-Café, die ausgiebig den Spielstand beim WSV bequatschten, den einer von ihnen auf einem Tablet parat hatte. Zweinull, krähte der älteste von ihnen zufrieden, zweimal Ercan. Der hohe Türke kann's bestimmt auch dann noch, wenn er so alt ist wie seine Rückennummer. Gegacker bei den anderen, ja-ha, achtundfünfzig, und wo du immer die Ausdrücke her hast, ‚hoher Türke', Junge Junge, dann stierten alle wieder auf den Liveticker. Noch zwanzig Minuten bis Abpfiff.

„Da kommt der Decker, Chubby Checker", scharwenzelte Andrea mir entgegen. „Und, wie war ich?"

Ich verpasste ihm einen Einlauf der ganz unangenehmen Sorte. Dass man nicht gleichzeitig in Frankfurt einem Frühstück mit Fußballbonzen entgegenpennen und in Elberfeld die Demolierung der eigenen Haustür mitkriegen könne, schnalle sicher auch ein Hirnzwerg wie er. Wenn es seine Absicht war, sich bei den Krupps auf Platz eins der Verdächtigenliste festzubetonieren, dann sei ihm das eindrucksvoll gelungen. Überhaupt Frankfurt, was sollte der Schlenker?

„War kein Schlenker", sagte Andrea kleinlaut. „Döpken hockt da auf der Tribüne und hält Händchen. Ehrlich, hier!"

Er wischte ein Foto auf sein Smartphone. Ein smartes Kerlchen, glatt rasiert, mit Buchhalterbrille und einem Hauch von Grau im halblangen blonden Haar. Daneben ein paar Visagen, die man kennt, weil man sie nach Länderspielen durchs Fernsehbild huschen sieht. Im Hintergrund der Spielstand auf dem schwarzen Würfel über dem Mittelkreis: Eintracht Null, Volkswagen Drei.

„Tolles Hase und Igel ist das hier!"

Andrea schaute mich an wie ein Schuljunge in Erwartung einer Backpfeife. Gut, da konnte er nicht für. Ausnahmsweise nicht.

Dass ich wie eine Rennmaus durch ein Labyrinth jagte, das nur für mich eines war, weil nur ich nicht wusste, was sich hinter der nächsten Ecke verbirgt, dafür war nur einer verantwortlich.

Laberthier.

Der stellt mir erst einen Mord hin, den zuuufällig ich bezeuge. Und jetzt die fixe Idee mit Frankfurt, die sich im Nachhinein als wahr herausstellt und mich zum zweiten Mal der Musik hinterherlaufen lässt.

Was passiert jetzt, in diesem Moment, an irgendeinem anderen Schauplatz dieser Story? Was geschieht, das wichtig zu wissen wäre? Das mir meinen Job erleichtern würde – von dem aber ich, nur ich, nichts ahne, nichts erfahre, keinen Schimmer habe?

Andrea bemerkte meinen in Entrüstung gewickelten Anflug von Verzweiflung.

„Ab jetzt von mir keine Dummheiten mehr“, meinte er. „Versprochen! Auf den Tisch mit allem, was ich noch vorhabe.“

„Vorhast?“, bellte ich. „Du? Ein ganz flaches Profil hast du ab jetzt vor. Inkognito und nicht mehr zu erkennen. Sonnenbrille auf, den Bart ab und die Matte in einem mit.“

„Weil du’s bist“, seufzte er. Ich fuhr wieder hoch. „Und ich in der Klemme stecke. Ist ja gut, es geht um mich. Also runter mit dem Chessbeard“, er klatschte sich auf die Wangen mit den kleinen Haarquadraten, „und für obenrum hab ich auch schon eine Idee. Im Theater nachher mach ich halt auch auf Theater.“

„Im Theater!?“

„Hatten wir doch gerade gesagt, oder? Ab jetzt auf den Tisch mit allem, was ich vorhabe.“

Kapitel 5

Das Theater am Engelsgarten war ein Mix aus Kleinkunstbühne und Skihalle ohne Schnee, so sanft und flach stiegen die Zuschauerränge nach hinten hin an. Bis ich dort in die erste Reihe geschubst wurde, hatte ich ein Dutzend Tobsuchtsanfälle hinter mir.

Mindestens ein Dutzend.

Und mindestens die Hälfte davon über mich selbst. Andrea hatte mir die Pistole auf die Brust gesetzt, hatte gejammert und geflennt. Dass er das Tanztheater-Gastspiel im Engelsgarten unmöglich schwänzen könne, nachdem Sergej ihn auf die Gästeliste gesetzt hatte. Dass er nach dem brutalen Tod des schönen Kingsley eine Balletttänzer-Hühnerbrust zum Ausheulen bräuchte. Und ja, Sergej hätte so eine Hühnerbrust. Ob mir das recht war oder nicht, sei ihm egal: er gehe heute raus, *e basta*.

Was sollte ich machen, jetzt mal abgesehen von Händeringen, Vogelzeigen und Toben? Nichts. Außer ihn zu begleiten, damit er nicht noch mehr Blödsinn anrichtete.

„Na siehste“, gurrte er wie ein Stiefsohn zu seinem Ziehvater. „Um die Abendgarderobe mach dir keinen Kopf, ich stell uns da was zusammen.“

Gesagt, getan. Selbst ging er als Charlies Tante: frisch rasiert, den queren Irokesen unter einem Damenhut versteckt, mit Klunkern in den Ohrläppchen und falschen Perlenketten über der Stola. Immerhin, in der Montur war er kaum wiederzuerkennen. Mich hatte er untergehakt, als wir über den Hof auf das gläserne Theaterfoyer zuschritten. Jawohl, untergehakt. Und mehr noch, von oben bis unten ging ich als Lederkerl. Ein bisschen aus der Pelle geplatzt und ganz in Schwarz. Ich sah aus wie Lemmy Kilminster, Gott hab ihn selig, auf der Suche nach den Glory Holes von Wuppertal.

Andrea nannte mich scherzhaft ‚mein Tom of Rheinland'. Innerlich kochte ich.

Sergej beäugte mich amüsiert, setzte ein keckes Rudolf-Nurejew-Lächeln auf und regelte das mit dem zweiten Gast auf freien Eintritt persönlich.

„Nachher hier im Foyer?“, fragte er Andrea.

Der antwortete nicht, sondern zuckte an meiner Seite zusammen. Sein Griff an meinem Oberarm krampfte. Blass um die Nase stierte er einem pechschwarzhaarigen Enddreißiger hinterher, der sich an uns dreien vorbeidrängelte und auf eine zierliche Dame in einem militärgrünen Baumwollkostüm zusteuerte, die ihm die Hand zur Begrüßung entgegenstreckte.

„Was ist los“, wollte ich wissen, „wer ist das?“

„Erzähl ich drinnen.“ Andrea verbarg sein Gesicht unter der breiten Hutkrempe. Fragend schaute ich Sergej an, der mit den Schultern zuckte.

„Ein Bekannter von der Chefin“, raunte er bloß und winkte den beiden verstohlen zu. „Ich kenne ihn nicht.“

Ich fiel ins Grübeln. Hier lag was in der Luft. Etwas, das mir gleichzeitig eine Vorahnung und einen Nachgeschmack gab. Und das mir nicht gefiel.

„Rein mit uns.“ Andrea wirkte aufgeschreckt. Sergej entging das nicht.

„Du bist aus lauter Honig“, gurrte er zur Beruhigung. „Wenn nur kein Bär kommt und dich aufleckt.“

„Vielleicht nachher.“ Andrea zwang sich zu einem schiefen Lächeln und einem Fingerzeig auf mich. „Und der Bär hat sich im Griff, keine Sorge.“

Dann manövrierte er mich an der Tanzmeisterin und dem Mann vorbei, den ich mir genauer anschaute. Ziemlich viele Falten, ziemlich sonnenstudiogetoastet, ziemlich gefärbte Haare. Nix mit naturpechschwarz. Ein künstlicher Apatsche im Bergischen Land.

In Reihe eins nahm ich Andrea die Beichte ab. Während das Tanztheaterpublikum langsam hereintröpfelte, erfuhr ich, dass es sich bei Winnetou um keinen Geringeren als Leif Löw handelte, den Gründer von ‚Matte auf Platte' und damit schärfsten Konkurrenten der Amerone-Döpken-Connection.

„Ach! Und ihr seid euch so spinnefeind, dass man sich aus dem Weg geht?"

„Glaub mir, Bärchen, einen Skandal im Unternehmensgründungssperrbezirk können wir vor dem Eintüten beim Fußballverband nicht brauchen. Löw wird zwei und zwei zusammenzählen und sich dann denken, dass ich unmöglich schon aus Frankfurt zurück sein kann."

„Weiß er denn ...?"

„Dem Entrepreneur ist nichts zu schwör. Der weiß genau, was die Rivalen der Rennbahn so treiben, der hat seine Informanten. Auch im Polizeipräsidium. Was mir jetzt schön blöd in die Quere kommt."

Da! Wieder so ein Moment. Alle haben mehr Ahnung als ich, dem man nur häppchenweise die Zusammenhänge steckt. Schön gezuckert als vielleicht ja doch wichtige Hinweise, und ich soll alles einfach so schlucken. Nur, dass es windschief zusammengezimmert ist, und deswegen total unglaubwürdig. Erst kommt Andrea auf die Schnapsidee mit Frankfurt, dann verheddert er sich. Und zwar so sehr, dass es ihm hier im Theater plötzlich auf die Butterseite fällt. Klarer Fall von dumm gelaufen, oder? Ja, sicher doch. Und die Erde ist eine Scheibe und Klaus Vogel nuckelt heimlich Bärenmarke.

Dasselbe mit Laberthier. Der schlägt ja auch Kapital aus der Sache, sein Kapital als Autor von dem Ganzen hier. Indem er mir, seinem ahnungslosen Hobbyschnüffler, Leif Löw gleich mal präsentiert als den üblen Kerl mit ganz langem Arm, der in Wuppertal die Polizei schmiert. Wie geschickt, wie subtil.

Laberthier, du bist ein lausiger Krimischriftsteller weißt du das?

„Informanten im Polizeipräsidium, aha. Etwa Schliepkorte?“, höhnte ich zu Andrea rüber. „Du bist nicht einfach bloß ein bisschen heiß gelaufen?“

Andrea knetete sich die Nasenwurzel, verschmierte dabei sein Make-up und seufzte.

„Jedenfalls habe ich Schiss vor dem Kerl.“ Pause, Luftholen. „Daran werd ich mich wohl in den nächsten Tagen gewöhnen müssen.“

Was immer das jetzt hieß. Schon wieder so eine Andeutung, und schon wieder hatte ich die wenigste Ahnung.

Du bist nicht einfach bloß ein bisschen heiß gelaufen? Eine Stimme in meinem Kopf: die von Laberthier, die mich nachäffte.

Na, entzückend.

Okay okay, sagte die Stimme, *dann bringen wir dich mal auf andere Gedanken.*

Im Theatersaal wurde es dunkel. Die Gespräche dimmten sich herunter zu Gemurmel und verstummten schließlich ganz. Ehe das Pina-Bausch-Ensemble dran war, gab eine Wuppertaler Laienspielgruppe „Gota y Lágrima“, ein Tanztheater-Inklusionsstück nach Motiven von Muriel Yeque y Rádadol.

In die Finsternis stach von oben ein blütenweißer Lichtstrahl, laserdünn zuerst, dann kräftiger. Klarinetten erklangen, traurig und melancholisch, und verstummten wieder zu Pausen, in denen es mucksmäuschenstill war. In meinem Lederkostüm verharrte ich in absoluter Bewegungslosigkeit, damit nichts knautschte und knarzte und die Atmosphäre versaute.

Der Lichtstrahl fiel auf eine große blaue, perfekt geformte Träne. Mit Schwung schwebte diese Träne über die Bühne, kam quer zu liegen wie ein Schluck Wasser in der Kurve oder perlte wie aus einem überdimensionalen Auge die Wange herunter.

Die Klarinetten wurden lebhafter, streiften die Traurigkeit ab und gingen in launigen Klezmer über, während die Träne im Rund des Lichtbündels in einer perfekten Ruhe verharrte und dem Betrachter einen genaueren Blick erlaubte. In der blauen Tropfenmitte schimmerte es eine Nuance heller, wie bei einer Spiegelung. Zur Fröhlichkeit der Klarinetten und eines Kontrabasses wurde mir klar, was hier gespielt wurde.

Es war die Brust einer effektvoll körperbemalten Tänzerin, die vor meinen Augen ausdruckstanzte. Ambitioniert, überaus eindrücklich und mit großer Würde. Und die dabei eine Träne zur Darstellung brachte, die formvollendeter nicht sein konnte.

Die Klarinetten dämpften sich wieder, und die Brust flog erneut über die Bühne. Grazil schwang sie sich durch das Spektrum menschlicher Gefühlsregungen von überbordender Freude bis tiefer Trauer. Zu dem Strahl, der sie ins rechte Licht rückte, traten ein paar Scheinwerfer, die die Szene jetzt ausleuchteten und Körper und Kontur der Tänzerin zeigten. Mit freiem Oberkörper bewegte sie sich, so dass jeder im Zuschauerraum begriff, was es hier zu begreifen gab. Die Tänzerin hatte nur diese eine Brust, die andere war ihr fortgenommen worden, amputiert und durch nichts ersetzt als eine flache Narbe, die von der Maskenbildnerin mit Lippenstift betont worden war und aussah wie ein lächelnder Mund.

Andere Tänzerinnen betraten die Bühne, eine Frau ohne Hand näherte sich der Freuden- und Leidträne, wollte ihr mit dem Stumpf zu Leibe rücken und sie fortwischen. Ein junges Mädchen im Rollstuhl drängelte sich dazwischen, hob sich aus dem Sitz, neckte mit langer Zunge den Tropfen und küsste den Narbenmund daneben. Dann leiteten die Bläser und der Bass das Finale ein: das Trocknen der Träne, die eine Brust war, welche in höchster symbolischer Verdichtung versiegen oder, schlimmer noch, verschwinden konnte wie die daneben. Oder die beharrte und üppig blieb.

Ein kleinwüchsiges Zwillingspaar tanzte sich heran, Seidentücher flatterten und wurden der Hauptdarstellerin gereicht, deren kecke Streichholzfrisur und wache helle Augen mich verzauberten. Jawohl, ich hatte längst eine Ganzkörper-Gänsehaut, als die Scheinwerfer heruntergedimmt wurden und wieder nur der eine Lichtstrahl die Träne ausleuchtete.

Mit den Seidentüchern wischte die Tänzerin die blau schimmernde Farbe von ihrer Brust. Dort, wo die Spiegelung aufgemalt war, zeigte sich in kräftigem Rosa eine makellose Warze. Makellos, schön und begehrenswert wie die ganze Brust.

Zu einem schmissigen Bass-Solo kam der Blackout und die Bühne leerte sich. Ich war kaum in der Lage, in den tosenden Applaus einzufallen, so sehr weg war ich. Wie in Trance. Erst als das Rampenlicht anging und die Darstellerinnen eine nach der anderen zurück auf die Bühne kamen, kriegte ich mich wieder in den Griff.

Andrea neben mir schnalzte mit der Zunge und sah mich herausfordernd an. Ich stand auf und blökte ein Bravo nach dem anderen zu der Bühnengöttin herauf, die mit entblößtem Oberkörper keine drei Meter vor mir am Bühnenrand stand, mit größter Selbstverständlichkeit die Pose hielt, den Applaus genoss.

Und mir kurz vor dem Abdrehen mit ihren skandinavienhimmelblauen Augen zuzwinkerte.

Was mich mitten ins Glücksorgan traf.

Mit der Anmut eines glänzend schwarzen Schlagstocks trottete ich in die Pause, beschwingt wie seit Ewigkeiten nicht mehr. Im Foyer knubbelten sich die Gäste, redeten voller Begeisterung über das Stück und schoben sich Sektflötenladungen in den Schlund. Andrea verzog sich auf die Damentoilette und harrte dort bis zum zweiten Klingeln aus. Ich hatte also den Rücken frei.

Und weil auf Laberthier Verlass ist, dauerte es keine zehn Minuten, bis die Laienschauspielerinnen sich zu den Zuschauern gesellten und artig Komplimente entgegennahmen. Als Letzte tauchte *sie* auf. Strahlend schön auch in abgeschminkt, mit einer schmucken, grün eingefassten Damenbrille und kräftigem Dunkelrot auf den Lippen, dazu in ein weites beigefarbenes Cape gehüllt, das den zierlichen Oberkörper und die Asymmetrie vor dem Rippenkasten dezent verschluckte.

Als sie mich erblickte, spielten die Finger ihrer Hand ein kurzes Stück auf dem Luftpiano. Mir nahm es den Atem. Ich stand da wie das Mahnmal des Unbekannten Sozialarbeiters, nur in Rockerkluft. Völlig ferngesteuert dackelte ich hinter ihr her auf ein Pärchen zu, das ich erst erkannte, als es schon zu spät war.

„Neuer Verehrer, Emma?", spaßte die Grande Dame im Baumwollkleid und unterbrach dafür das Gespräch mit Leif Löw. Der musterte mich und zog eine Schnute.

„Ein fantastischer Auftritt, Frau Ernenputsch", knurrte er.

„Danke", antwortete die Angesprochene und tat das mindestens eine halbe Oktave tiefer als ich vermutet hätte. „Darauf was Feuchtes." Nein, eine ganze Oktave. „Möchten Sie auch?"

Mir gingen die Nüstern auf und eine klitzekleine Panik machte sich breit. Ob ich auch möchte? O wei. Sinneseindrücke fluteten mich, plötzlich und alle auf einmal. Ich hörte alles klarer, sah schärfer und roch deutlicher.

„Ähm, ja", quetschte ich heraus. Es klang wie ein Urwaldbrüllen, jedenfalls in meinen Ohren. Die Poren auf ihrer Wange sahen aus wie Mondkrater, so grotesk vergrößert nahmen meine Lupenaugen sie wahr. Und duften tat sie nach – hallo? – nach *Égoïste* und Dreiwettertaft.

„Dann schaff ich uns mal was ran." Sie verduftete an die kleine Bar, ohne zu verduften. Sprich, sie ließ mich und die Parfümwolke zurück.

Die ja wohl was zu bedeuten hatte.

Ich tat so beiläufig wie möglich und rührte mich in meiner Verlegenheit nicht vom Fleck. Die Theaterchefin störte es nicht.

„Herr Löw, ich weiß nicht. Schauspielunterricht für Profifußballer? Und der Name Pina Bausch kommt dadurch nicht ins Gerede?“

Auch Löw nahm den Gesprächsfaden wieder auf.

„Keine Sorge“, sagte er. „Die Jungs sollen bei Ihnen ja nicht lernen, wie man den sterbenden Schwan markiert, wenn man gefoult wird. Überhaupt geht es nicht ums Fußballspiel. Ich brauche Ihr Tanztheater für die Gesten, die passieren, wenn abgepfiffen wird und das Spiel unterbrochen ist.“

„Das müssen Sie mir erklären.“

„Es geht um die Körperbeherrschung der Spieler, wenn die Kameras richtig groß drauf sind. Die Spieler sollen sich abgewöhnen, sich dann die Stutzen hochzuziehen. Das tun nämlich alle automatisch. Ständig. Also muss es ihnen abtrainiert werden. Sie müssen sich stattdessen übers Haar fahren. Die Frisur richten, die Linien des Cuts streicheln, den Scheitelschnitt nachfahren.“

„Emma Ernenputsch“, riss mich meine Tanzgöttin vom Horchposten. Mit ihrem hellen Lächeln hielt sie mir ein Glas Sekt hin. „Auf mich?“

„Auf Sie“, stotterte ich und langte nach dem Glas. „Umwerfend, Frau Ern...“

„Emma.“ Es klingelte. „Und du?“

„Klaus. Auf dich!“

Bis zum zweiten Klingeln hatten wir den Sekt drin und was ausgemacht für den nächsten Tag.

Das hier roch nach etwas ganz Besonderem. Nach Sympathie, Abenteuer, vielleicht Leidenschaft. Und nach dem Duft des Todes an der Schwebebahn.

Kapitel 6

„Auf einen Absacker ins *Katzengold*?"

Andrea sagte nicht nein, obwohl er Sergej im Schlepptau hatte und immer noch blass um die Nase war. Der Begegnung mit seinem und Döpkens Rivalen Löw war er bis zum Schluss ausgewichen. Als er sich schon in Sicherheit wähnte, wurde Sergej noch mal zurückkommandiert und von seiner Chefin zum Pfötchengeben verdonnert. Andrea versuchte zu drucksen, aber weder das noch seine Camouflage als Drag Queen konnten verhindern, dass Löw ihn enttarnte und mit Blicken regelrecht zerfleischte.

„Und du kitzelst der Tränenfrau demnächst die Hüften?" Der Absinth machte Sergej frech.

„Ich denke von Nacht zu Nacht", antwortete ich.

„Soll das heißen, Chubby schläft woanders?", lamentierte Sergej.

‚Schläft' und ‚woanders', eins von beiden war das Stichwort für Laberthier. Mit ein paar Kerlen in rotblauer Trikotage hockte er an der Theke und bewickülerte das 4:0 vom Nachmittag.

„Auf den Norbert", grölte einer und meinte den Fan-Betreuer unter ihnen. Laberthier wälzte sich vom Hocker, schlurfte auf uns zu und klapste mir heftig aufs Schulterblatt.

„Am Kleeblatt nächtigt unser Romeo", sagte er. „Monteurzimmer, zweiter Stock, mit Blick auf Hinterhof und Kleinen Grifflenberg."

Mir gingen die Augenbrauen hoch. Jetzt schubste er mich schon wieder rum!

„Das heißt, sturmfreie Bude?" Andrea sah das anders als Sergej. Er setzte auf Zweisamkeit statt Dreisamkeit gegen die Einsamkeit.

„Ihr zwei macht keinen Scheiß", ermahnte ihn Laberthier. „Du, Andrea, hast Ausgangssperre. Parole: ‚Trendbüro, sonst nirgendwo‘. Ihr schließt auch ein, keine Festtagsbeleuchtung und auch der Rest schön leise.“

„Zur Kaiserheirat gehört weiser Beirat“, alberte Sergej, während Laberthier mir den Schlüssel für das Zimmer zusteckte.

„Frühstück unten im Café geht extra“, sagte er und verdrückte sich wieder an die Theke.

„Apropos weiser Beirat“, hüstelte ich und sah Sergej an. „Der Herr Löw und deine Chefin sind sich handelseinig geworden?“

„Sind sie“, übernahm Andrea. „Das Tanztheater Pina Bausch bildet demnächst junge Fußballtalente in der Kunst des *Haircut Emphasizing* aus.“

„Gesten und Handgriffe“, übersetzte Sergej, „Dressur auf die Frisur.“

„Das wird ‚Matte auf Platte‘ aber nicht mehr viel nützen“, wieder Andrea. „Döpken ist zurück aus Frankfurt. Auch die restlichen Funktionäre sind begeistert, wotzäppt er. DFB *und* DFL sind im Boot. Die Sache geht morgen bei denen in die Rechtsabteilung, bis Ende der Woche schicken sie uns einen Vertragsentwurf.“

Na gratuliere. Ich orderte einen Absacker nach dem Absacker und ließ ihn auf Laberthier anschreiben.

Um zwölf Uhr mittags war die Nacht vorbei. Und der halbe Montag: Ich hatte saftig verschlafen. Eine kalte Dusche später war die Lage dieselbe. Zum Glück war nichts angebrannt, jedenfalls nichts, von dem ich erfuhr.

Ein angenehmer Zustand nach der dramatischen Nacht von vorgestern. Und dem langen Tag gestern. Ich hatte den verlorenen Schlaf ungestört aufholen können, und das war gut so. Als hätte jemand die Reboot-Taste gedrückt. Ich fühlte mich angenehm erleichtert, der Speicher war gelöscht und ich konnte mich auf das stürzen, was mir als Erstes in den Sinn kam.

Bei einer Schale Milchkaffee und einem Croissant im Fitnessstudiocafé im Parterre stöberte ich durch alles, was das Internet zu Emma Ernenputsch hergab.

Sie war Sozialarbeiterin, wie ich. Deswegen waren wir uns sofort grün. Wenn sie nicht gerade ausdruckstanzte, verdingte sie sich bei diversen Sportvereinen und kümmerte sich um die Jugendabteilungen und Nachwuchsbereiche. In Teilzeit, als Angestellte einer Stiftung, in deren Gremien lauter dicke Fische aus der lokalen Wirtschaft hockten.

Sparkasse, Staubsauger, Chemie. Geh mal drauf!

www.stiftung-talvereine.de:
„Stiftungsratsvorsitzende: Dr. med. Gitta Galwas, *HairCare* im Pharma- und Chemiepark Wuppertal. Stiftungsratsmitglieder: Dr. Benno Kothenkötter, *Bergische Landsparkasse*; Thomas Christiansen, *Vorwerk AG, Bezirksleitung Akademische Raumpflege*; Prof. Dr. Sieglinde Reus-Ommer, *Bergische Universität Wuppertal.*"

Galwas, hm. Nie gehört. In was macht die? In Shampoo? Machen die in Wuppertal eigentlich alle was mit Haaren?

haircare.biz/personen:
„Gitta Galwas, Studium und Promotion an der RWTH Aachen, Wissenschaftspreis der Kaiserstadtstiftung für die Promotionsschrift „Neoadjuvante Alopezie-Prophylaxe mit *Spinacin*©: Szenarien für ein pharmazeutisches Start-up". Gründerin und seit 2010 Wirtschaftliche Leiterin der *HairCare* im Pharma- und Chemiepark Wuppertal. Nordrheinwestfälische Jungunternehmerin des Jahres 2011."

Tja, von wegen Shampoo. Das ist eine von der Sorte Döpken und Leif Löw. Nur erfolgreicher! Hier kommt sie noch mal mit Bild.

haircare.biz/aktuelles:
„+++ HairCare lud zum Mai-Empfang im Pharma- und Chemiepark +++ Zahlreiche Gäste aus Wirtschaft, Kommunal- und Landespolitik, den Handelskammern und der Chemiebranche begrüßte Gitta Galwas, Gründerin und Wirtschaftliche Leiterin der HairCare, *am Samstag im Pharma- und Industriepark Wuppertal. In entspannter Atmosphäre plauderten und netzwerkten die Branchenvertreter mit den Entscheidungsträgern aus der Politik und den Wirtschaftsverbänden. Als Ehrengäste waren auf Betreiben des Pharma- und Chemieparks Vertreter der Bayer 04 Leverkusen Fußball GmbH geladen, darunter Geschäftsführer Markus Leidersehr und Sportdirektor Rudolf Völlig."*

O wei, der Völlig. Den jetzt nicht. Von wo war ich noch mal hergesurft? Ach ja, vom Stiftungsrat. Der Banker, die Professorin und der Staubsaugervertreter. Die alle auch noch durchklicken? Muss nicht sein. Guck doch lieber mal, ob die Presse schon was schreibt über Emmas triumphalen Auftritt gestern.

wz-newsline.de:
„Vor dem Gastspiel des Pina Bausch-Ensembles gab es Inklusionstanztheater, und auch das konnte sich sehen lassen. ‚Gota y Lágrima' brachte die ganze Palette menschlicher Gefühlszustände auf die Bühne. Besonders überzeugend: Rollstuhlfahrerin Malina Pockenreuther, die gleich in mehreren Rollen auftrat, dabei wie ein Wirbelwind über die Bühne sauste und der Verkörperung des titelgebenden Tränentropfens, Emma Ernenputsch, ein ums andere Mal die Schau stahl."

Angesäuert wischte ich über das Display, als es plötzlich neben mir an der Fensterscheibe klopfte.

Es war Andrea, den ich in seinem Morgenmantel mit der tief ins Gesicht gezogenen Kapuze zuerst nicht erkannte. Er winkte mich heraus.

„Anruf von der Sitte“, keuchte er.

Bong! Das war’s mit stressfrei.

„Sitte? Du meinst die Kripo?“

„Ein Hauptkommissar von Theben.“

„Du hattest dein Smartphone eingeschaltet?“

„Hatte ich nicht“, motzte er bockig wie ein Dreijähriger, „nur gestern Abend kurz.“ Für Döpken und seinen Gutenachtkuss aus Frankfurt. „Der Bulle rief über Festnetz an.“

„Krupp von Theben hat dich vorgeladen?“

„Nur der Form halber.“

Aha. Weil Döpken für ihn zwar gezeugt hatte, das aber nicht reichte. Schon gar nicht telefonisch und bei Schliepkorte. Von Theben ließ sich nicht so leicht ins Bockshorn jagen.

„Und du?“

„Ich? Habe die Einladung ausgeschlagen.“

„Du hast was!?“

„Freundlich, aber bestimmt.“ Er schniefte. „Aber er hat nicht lockergelassen.“

„Und hat dir zum dritten Mal die Schmier geschickt.“

„Sergej hat sie hingehalten, und ich bin durchs Klofenster. Du siehst ja, wie ich aussehe.“

Nicht nur ich sah das. Wie ein Boxer vor dem Kampf schaute er aus in seinem Übergrößenkimono. Ein Schwarm Briefträger, der mit der Mittagspost aus der Zentrale auf der anderen Straßenseite geradelt kam, schaute rüber und rieb sich kollektiv die Augen.

„Kann gut sein, dass das ein Fehler war“, hielt ich seelenruhig fest. Jedenfalls nach außen hin. Innen drin fuhr ich schon wieder hoch. Was mich dieser Bursche Nerven kostete!

„Du meinst, wie ich aussehe?“

„Iwo. Ich meine die Biege, die du Dummerchen gemacht hast. Dafür gibt’s jetzt Stubenarrest“, immer noch seelenruhig, „im Monteurzimmer! Und den Schlüssel nehme ich mit.“

„Ohne Licht, Luft, Wasser, Brot? Monteure?“

„Und ohne Feuerleiter.“ Ich schubste ihn durch die Flure, am Putzwagen und der Reinemachefrau vorbei, die mit meinem Zimmer gerade durch war. „Ansonsten dies-für-das. Fastfood gegen dein Smartphone. Alles zu deinem Besten, mein Stiefsohn.“

Natürlich bettelte und zeterte er. Wenigstens Döpken müsse er erreichen können, gerade jetzt, wo es bei *schneise.de* ums ganz große Ganze geht.

Ich verdrehte die Augen, dann tauschten wir. Ich kriegte sein auseinandergenommenes Teil, er mein intaktes Smartphone. Tür zuziehen, abschließen, weg hier. Abstand gewinnen.

Mit der Schwebebahn fuhr ich bis zur Varresbecker Straße und lief hoch zur Sambatrasse. Wer in Wuppertal Selbstmord begehen will und auf die Idee verfällt, sich vor einen Zug zu werfen, der hat schlechte Karten. Beim Betreten der stillgelegten und im wahrsten Sinn des Wortes entgleisten Bahnstrecke hoch nach Cronenberg sinnierte ich das. Hier fuhr seit dreißig Jahren kein Samba mehr, und sich vor die Schwebebahn schmeißen, hat was von Slapstick. Auch die Bundesbahn kriecht so langsam rein und raus ins Tal, dass der Bremsweg kurz genug ist, um Schlimmeres zu verhindern.

Da muss der Selbstmordkandidat schon kreativ sein, wenn er mit Schienenhilfe zum Abschluss kommen will. Indem er sich unter die Schwebebahn hängt zum Beispiel, und gegen die Bahnsteigkante donnert.

Am Zoo hörte ich die Löwen brüllen. Wie ein Echo des armen Kingsley klang es. Ich keuchte bergan und versuchte, die Ungereimtheiten der letzten zwei Tage zu sortieren. Als da wäre: der Duft des Todes, der mich am Abend zuvor im Engelsgarten plötzlich mit einem Eishauch umfangen hatte, und der ausgerechnet von meiner Ballerina verströmt wurde. Dann das sonderbare Verhalten des schwarz lackierten Leif

Löw, als er Andrea erblickte. Die zwei waren ja nicht nur unternehmerische Rivalen, sondern konkurrierten auch um junge Burschen wie eben O'Croy. Schließlich Andrea selbst, mein Problemschützling, der keine Anstalten machte, dem Katz-und-Maus-Spiel mit der Kripo ein Ende zu bereiten.

Ergaben sich daraus Rückschlüsse?

Nicht wirklich. Am Knick hinter dem Burgholz nahm mir der Klotz von Müllverbrennungsanlage die Lust zum Weiterwandern. Am besten, ich ließ die Dinge auf mich zukommen und verfolgte weiter, was die Krupps zustande brachten. Immerhin war bei der Kripo jetzt wieder der fitte Schnüffler am Ball. Von Theben würde einen Stein nach dem anderen umdrehen und nichts unversucht lassen, um die Tat aufzuklären, die alle und jeden im Tal beschäftige.

Den Superfriseur hatten die Krupps längst auf dem Schirm. Bei den anderen beiden, Löw und Emma, war nur ich es, dem etwas spanisch vorkam – sonst keiner. Und da ich an den Apatschen nicht so ohne Weiteres rankam, mit der strahlegesichtigen Kollegin aber in ein paar Stunden ein Rendezvous hatte, verlegte ich mich darauf, einfach geduldig zu bleiben und nichts zu tun. Außer umzudrehen und die Sambatrasse herunter ins Tal zu trudeln.

Vor der Apartmentanlage am Kleeblatt stand ein adretter Mittvierziger, die Haare hell wie das Hemd unter dem Jackett seines Dreiteilers, mit dynamischer Visage und glattrasiert wie ein Kinderpopo. Er besah sich die Fingernägel und war die Ruhe selbst, als ich mit einer Papiertüte Selbstgekauftem aus der Goldenen Möwe um die Ecke bog.

Es war Dilbert Döpken. Als er mich erblickte, sprach er mich an. Ruhig und bedächtig, fast im Laienpredigertonfall. Er schlug vor, Andrea zum Polizeipräsidium zu begleiten, damit das Versteckspiel ein Ende habe und sein Kompagnon für seine Torheiten um Vergebung bitten könne.

„Vergebung?“

„Oder Entschuldigung. Ich verstehe, klingt weniger pastoral. Rücken Sie ihn raus?“

Ich überlegte. Eigentlich gab es keinen Grund, das nicht zu tun. Niemand anderes konnte Andrea bei den Krupps reinwaschen, ich als allerletztes. Außerdem wirkte der Mann integer und vertrauenswürdig.

Er erzählte, dass die Kripo Wuppertal ihn in Frankfurt angerufen hatte und wissen wollte, ob er Herrn Amerones Angaben bestätigen könne. Selbstverständlich konnte er das, selbstverständlich tat er es auch. Nur hatte er das Gefühl, dass er es mit einem hektischen, ziemlich unsortierten und, gelinde gesagt, etwas überforderten Kripobeamten zu tun hatte. Auch deswegen wolle er mit zum Präsidium.

„Freigang, mein Zuckerschnütchen.“ Keine zwei Minuten später schubste ich Andrea die Fastfood-Tüte in die Arme und ließ ihn wissen, dass unten auf der Straße jemand auf ihn wartete, der ihn auf den rechten Weg zurückbringen würde.

Im *Café du Congo* nahm ich vor dem Fenster unter dem kleinen Bücherregal mit ausgesuchter Kongoliteratur Platz. *Herz der Finsternis, Beers in Africa, Im Kongo* von Urs Widmer, dazu jede Menge Kolonialschinken und sogar die Extraausgabe einer kongolesischen Fußballzeitschrift zum Africa-Cup-Viertelfinale 2015. Kongo gegen Kongo. Gewonnen hatte am Ende der eine Kongo. Der Favoritenkongo mit dem verrückten Torwart, der ohne Zweifel zu Andreas Hairstyle-Ikonen zählte mit seinem Schiffschaukelbremser-Zopf und der Hühnerhof-Einlage, wenn die Stürmer seiner Demokratischen Republik ein Tor erzielten. Hach ja, afrikanischer Fußball ...

Und dann kam sie, eingehüllt in den ambivalenten Duft von Verführung und Sterben. Emma ‚Augenweide‘ Ernenputsch. Ein hautenges, rot und blau gestreiftes Top trug sie unter der Softshell-Jacke, die sie flugs aufzippte und auszog. Gleich mal die Brust zeigen, wird sie sich gedacht haben, und mich dabei anlächeln. Und zwar eindeutig zweideutig.

Ich für meinen Teil wählte den flachen Einstieg und erzählte, dass ich herausgefunden hatte, dass wir beide ja vom selben Stamm der Sozialarbeiter seien. Ihr Lachen unter der Raspelfrisur, ihre Augen wurden taghell. Woher ich das wusste, und ob ich den jungen Lilo Wanders betreue, mit dem sie mich gestern im Theater gesehen und daraufhin für einen klitzekleinen Moment die falschen Schlüsse gezogen hatte.

„Internet", antwortete ich, „und ja. Wenn du so willst, habe ich den Lilo-Launebär an der Backe. Das ist Wuppertals Superfriseur, über den das ganze Tal sich das Maul zerreißt, weil die Leute denken, er habe was mit dem Tod von Kingsley O'Croy zu tun."

„Ach ja, der Kingsley." Emma nahm für einen Moment die Brille ab, ihre schönen Augen blickten melancholisch. „Und, hat dein Klient damit zu schaffen?"

„Hat er natürlich nicht, und seit zwei Stunden weiß das auch die Polizei. Warum seufzt du bei Kingsley?"

„Weil ich ihn gut kenne. Was du für den innovativsten Nachwuchsfriseur Wuppertals bist, das war ich drei Jahre lang für sein größtes Fußballtalent."

„Ist nicht wahr!"

War es doch. Emma hatte in ihrem Job als Stiftungs-Streetworkerin nicht nur das Wuppertaler Vereinsleben im Allgemeinen ganz gut kennengelernt, sondern auch die WSV-Jugendabteilung im Besonderen. Und den jungen Herrn O'Croy im ganz Besonderen. Mit gespitzten Ohren lauschte ich über einem Mützig und dann einem Kinshasa-Bräu, was sie mir verklickerte.

Mutter Jamaikanerin, Vater von der grünen Insel. Sie Kellnerin in seinem Wuppertaler Irish Pub, der irgendwann nicht mehr ging, so dass die beiden in die Privatinsolvenz stolperten, als Klein-Kingsley eingeschult wurde. Der Fußball wurde sein Ein und Alles. Mit zehn die ersten Probetrainings, mit vierzehn spielte er aushilfsweise in der B-Jugend mit. Der Poldi aus Wichlinghausen. Immer mal wieder kam er an, so Emma, und brauchte neue Schuhe, Nachhilfe oder einfach bloß Zuspruch. Mit der Pubertät wurde der Kontakt zwischen den beiden spärlicher, blieb aber herzlich: auch als er den Turbo zündete und zum Hirn und Herz der Mannschaft wurde.

Papa und Mama waren stolz auf ihren Jungen und witterten die Chance auf wieder mal ein bisschen Bergfahrt in der Achterbahn ihres Lebens. In der U 19 beim WSV spielte er leidenschaftlich und gerne, genoss Anerkennung bei den Mitspielern und eine Art Kultstatus auf Kredit bei den Fans. Und dann das. Sein plötzlicher Tod unter der Schwebebahn. Unerklärlich! Im Maskottchen-Kostüm, wer kommt denn auf so was? Gerade als es losging und die Karriere anzog mit dem Vertrag bei Bayer Leverkusen ...

Wie bitte???

„Ich durfte es niemandem erzählen." Ein Schatten schob sich über Emmas Augen. Eigentlich auch dir nicht, sollte das heißen.

„Keine Bange, bei so was bin ich die Aushilfe vom Film." Sie sah mich fragend an. „Ich kann die Klappe halten. Aber jetzt erzähl mal!"

Nun, viel zu erzählen gab es nicht. Der Wechsel war zwar in trockenen Tüchern, bis zum Ende der Saison sollte aber nichts ruchbar werden. Wegen der Fans, die ihn in Wuppertal schon für einen zweiten Meister Pröpper hielten: jedenfalls die hartgesottenen, die mit der großen Dosis rotblauen Bluts in den Adern. Die sollten nach Möglichkeit nichts erfahren, das war den alten O'Croys zu heiß, die ansonsten alles getan hatten, um ihren Jungen besenrein an Bayer 04 Leverkusen zu verscherbeln. Keine laufenden Verträge mit Ausrüstern, keine sonstigen Hypotheken, keine abzugeltenden Verpflichtungen. Der Kingsley wäre jungfräulich zur Werkself gewechselt, wie ein weißes Blatt Papier, generalüberholt.

Hm. Ich dachte an den Blut- und Fleischklumpen, der mal Kingsleys Kopf gewesen war und der vor meinen Augen im plüschenen Pröppi zerlief. Der Klumpen trug einen Quer-Irokesen im Amerone-Style, der kleine Oßman hatte ihn daran erkannt. Das war noch nicht weißes Blatt, das war noch nicht das, was sich die Marketingabteilung des Werksvereins unter besenrein vorgestellt haben wird.

Und dann trat ich weg, plötzlich und wie aus dem Nichts.

Beim Gedanken an den Anblick des zerfetzten Kingsley wurde mir übel. Irgendetwas triggerte mich, stark und unwiderstehlich. Ich war nicht mehr in der Gegenwart, im *Café du Congo*, sondern zurück in der Szene von vor zwei Tagen unter der Schwebebahnbrücke am Robert-Daum-Platz. Mit meinem ganzen Ich war ich dort und nahm den toten Burschen mit allen Sinnen auf. Er schwieg laut, sein Blut und Fleisch und die Haut leuchteten in grellem Rot, und er roch kräftig. *Égoïste* und Dreiwettertaft.

Warum ich weggekippt bin? Ob was im Kongobier drin war, das ich nicht vertrug? Wie Emma mich aus der Kneipe wegbugsiert bekam? Keine Ahnung, keinen blassen Schimmer.

Eine lange Schlafreise später kam ich wieder zu mir. Die Augen noch geschlossen, jagte ich den letzten Bildern nach, die mir während meiner Absence erschienen waren. In einer menschenleeren Konditorei befand ich mich, in der Konfitüre wie warmes Schweineblut in Wannen tropfte, was mir erstaunlicherweise nicht unangenehm war. Eine Haut zog sich darüber, keine blutrote, sondern eine helle, die ein sanfter Haarflaum bedeckte. Ich wollte diese Haut berühren und glitt kopfüber in die Wanne. Nein, *auf* die Wanne, denn die warme Haut hielt mein Gewicht aus. Mein Kopf lag auf der Seite und vor mir sah ich eine Wölbung aus süßer heller Haut, prachtvoll und zum Greifen nah. Zum Zungeausstrecken nah. Oben auf ihr thronte ein Klacks hellroter Konfitüre. Den sparte die Haut aus, den umschloss sie nicht.

Dann wurde mir klar, dass ich tagträumte. Dass ich den Traumbildern längst mit offenen Augen nachhing. Dass es wieder duftete nach *Égoïste* und Dreiwettertaft. Nur dieses Mal ohne mich rückzuführen. Weil mich diesmal etwas anderes beschäftigte, nein, begeisterte. Ich begriff, wo ich mich befand und was unter meinem Ohr wie ein dumpfes Uhrwerk klopfte.

Mein Kopf ruhte auf Emmas Brust, auf der operierten Seite. Sanft schlug ihr Herz und die ganze Zeit stierte ich auf die perfekte Tropfen-und-Tränen-Brust. Emma bot sie mir dar, streichelte mein Haar und flüsterte:

„Da bist du ja endlich.“

Ich hob den Kopf, schaute auf die Narbe, auf der mein Ohr gelegen hatte, dann in ein Gesicht, das mich jetzt anders anlächelte als vorher. Herausfordernd, ungeduldig, unanständig.

Kapitel 7

Um halb drei gewährte Emma mir ein Päuschen. In ihre Wohnung in einer kleinen Straße hinter der Uni-Halle hatte sie mich entführt. „Im Funkloch" hieß die Straße, kein Witz. Und irgendwie doch einer. Von wegen, kein Empfang.

Ich schlang das Rührei herunter, das sie mir aus der Pantry-Küche ans Bett trug, und zwang mich, nicht auf ihre blanke Brust zu starren.

„Ich glaube, ich weiß jetzt, was mich vorhin im *Café du Congo* ausgeknockt hat." Emma spielte mit der Penispumpe und sah mich schon wieder erwartungsfroh an. „Irgendwas stimmt nicht mit dir."

„Ach?" Provokant schaute sie an sich herunter. „Jetzt sehe ich's auch. Nur eine Titte! Emma Einzelmamma."

„Du riechst nach Mord und Totschlag." Ich schlug mir die Bettdecke über Bauch und Beine. Achtung Baby, hieß das, hier kommt der ernste Teil unserer kleinen Affäre. „Dein Parfüm waberte mir aus Pröppi entgegen. Die Erinnerung an den zerfledderten Kingsley im Kopf und deine Duftmarke in der Nase – zack, war ich weg."

„Was du für Parfüm hältst", konterte sie trocken, „ist leider nur ein Medikament."

„Was?"

„Spinacin forte."

Spinacin? Da schau mal einer an. *Égoïste* plus Dreiwettertaft gleich Spinacin.

„Von *HairCare*?"

„Von *HairCare*."

„Der Firma von dieser ...?"

„Gitta Galwas. Die im Aufsichtsrat der Stiftung sitzt, für die ich arbeite." Mit den Fingernägeln klackerte sie nachdenklich auf dem Plastikschaft der Penispumpe. „World,

Small world, Wuppertal. Ich habe während der Chemotherapie an einer Anti-Alopezie-Studie teilgenommen, die von *HairCare* gesponsert wurde. Seitdem kennen Doktor Galwas und ich uns. Danach kam das eine zum anderen. Ich zur Stiftung Talvereine, und sie an eine dankbare Patientin, die auf Spinacin forte schwört, das auf Basis der Studienergebnisse entwickelt wurde und dann auf den Markt kam.“

Na, wenn das man nicht die Dinge neu zurechtrückte.

Emma war damit endgültig raus, das war das eine. Das Feine. Das nicht so Feine waren die Fragen, die sich vor mir aufklappten wie die freigeschossenen Felder bei Minesweeper.

Warum roch auch Kingsley O’Croy nach einem Haarwuchsmittel, wo er doch einen stattlich langen Streifen Haare über dem eingeschlagenen Schädel trug? Oder roch er nur nach dem Zeug, hatte es aber gar nicht aufgetragen? Nicht selbst aufgetragen?

Warum roch er nach dem Zeug von *HairCare*, die am selben Abend ein paar Meter wupperabwärts eingeladen hatten zum Plausch im lauschigen Mai? In einem Chemiepark, über dem das Bayerkreuz hing, und mit Leverkusener Fußballfunktionären als Ehrengästen? Also Vertretern desjenigen Vereins, für den O’Croy demnächst die Fußballschuhe hätte schnüren sollen?

Andererseits, was nutzte Bayer 04 Leverkusen ein mausetoter Mittelfeldstar?

„Wie kommt man an das Wundermittel ran?“

„Apotheke.“

„Nicht Drogerie?“

„Apotheke!“

Das hieß, das Zeugs war ein anderes Kaliber als der Kram, für den der Heini im Laborkittel im Fernsehspot eine Sinuskurve in die Länge zieht. Man brauchte einen Arzt, der es einem verschrieb. Oder sehr gute Beziehungen zu *HairCare*.

Ich überlegte, wie weiter, brauchte aber nicht lange dafür. Immer schön der Reihe nach, murmelte ich, oder Laberthier ließ es mich murmeln. Erst mal den Experten für alles Haarige pumpen.

„Apropos pumpen", erriet Emma meine Gedanken, oder war einfach nur ihren eigenen gefolgt.

Zum Glück hatte der Großteil von Emmas Klienten vormittags Schule. Und auch ich hatte es zwar eilig, aber so eilig nun auch wieder nicht. Wir frühstückten splitterfasernackt, spülten splitterfasernackt das Geschirr und trockneten es splitterfasernackt ab. Um elf sprang ich als Erster in meine Jeans und wir verabredeten uns für den Abend zum Discofox in Downtown. Emma versprach, bei den Krupps vorbeizuschauen, um denen ihr Insiderwissen auf die Nase zu binden, und küsste mir Tschüss.

Ich trottete die Cronenberger Straße runter ins Tal, gab am Kleeblatt den Schlüssel zu meinem Monteurzimmer ab, zückte das Telefon und rief Andrea an. Der klang not amused.

„Wenn ich dich in die Finger kriege", schimpfte er, „einfach abhauen und mich im Stich lassen."

„Bist du im Morgenstund?"

„Lege den Panzer an und wappne dich gegen seine Wut, derweil mein Griff ihn hält", hörte ich Sergej im Hintergrund.

„Jetzt fahr mal runter, Herr Amerone", sagte ich.

Keine Antwort. Nur Sergej bekam es mit und spielte die Drama Queen.

„Meine Hände liegen quer übereinander", kühmte er, „fingergespreizt", ächzend, „ein goldblasser Stern gegen seine zottige Brust gestemmt!"

Fünf Minuten später war ich in der Luisenstraße, um mir die Aufführung vom aufbrausenden Dickerchen und dem verzweifelt dagegenhaltenden Hänfling Sergej anzuschauen. Die war allerdings nicht so spektakulär wie das, was Andrea am Abend zuvor in Barmen durchgemacht hatte.

Nach seiner Aussage im Polizeipräsidium war es auf dem Weg vom Vorglüh-Prosecco in der *Auer Schule* zum Theater passiert. Rummsdibumms hatte ihn beim Überqueren der Friedrich-Engels-Allee ein Motorrad geschnitten. Und ‚geschnitten‘ auch nur, weil Andrea gedankenschnell hinter den Mast der Fußgängerampel gesprungen war, die ihm Grün zeigte und dem Typ auf dem Hobel Rot. So konnte der ihn bloß streifen, und nicht rundweg überfahren.

Er habe geschimpft wie ein Rohrspatz, schimpfte er wie ein Rohrspatz. Was dem Raser-Arsch einfalle, und warum ich meinem Job als Bodyguard nicht nachgekommen sei.

„Weil ich im Kongo war. Du meinst, der Typ ...?“

„Wollte mir ans Fell. Natürlich!“ Er schnaufte. Schnaufen beruhigt. „Zuerst dachte ich, das war einer von diesen brotkrustendummen Innenstadtrasern. Bis ich mich nach der Vorstellung mit Sergej auf den Rückweg machte.“

„Da passierte es nämlich noch mal“, übernahm Sergej. „Nee, zweimal. Auf dem Weg zur Adlerbrücke, erst auf der einen Straßenseite, da hat er Dick nicht erwischt. Also ist er gewendet und hat es auf der anderen noch mal versucht. Das war *ü-ber-haupt* nichts für mich Sensibelchen.“

„Aber ihr seid entkommen. Unverletzt?“

Andrea hielt mir den linken Unterarm vors Gesicht. Schrammen, Schürfwunden. Vermutlich vom Auf-den-Boden-Werfen-und-Wegkullern.

„Und bevor du fragst“, sagte er, „keine Zeugen. Nur wir drei. Sergej, ich und der Kerl auf seinem Bock.“

„Derselbe Kerl wie vorher?“

„Derselbe.“

„O wei.“ Dass auf einmal jemand Jagd auf Andrea machte, war ein ordentliches Brett.

„Keine Ahnung, wer das war“, erriet der Gejagte meine nächste Frage. „Die Polizei weiß Bescheid, hat aber auch keinen blassen Schimmer. Und dich hätte ich ja schon in der Nacht in den Senkel gestellt.“ Er daumte auf Sergej. „Der hier hat mich davon abgehalten. Lass den, der hat grad Spaß, hat er gesagt. Du weißt doch, der Mensch ist ein Hetentier, hat er gesagt und dich und die Ernenputsch gemeint."

„Apropos die Ernenputsch."

Ich erzählte von Emmas Haarwuchspräparat. Schweigend hörte sich Andrea alles an, winkte dann ab.

„Spinacin? Nie gehört. Aus der Krebsmedizin kommt das?"

„Und zusammengemixt", nickte ich, „wird es von einem Pharmaunternehmen hier aus Wuppertal. *HairCare*."

„Ach, die Galwas."

„Du kennst sie?"

„Kennen wäre übertrieben. Die gehört zur Gründerszene hier in der Stadt. Dilbert kennt sie."

„Hm. Kingsley hatte jedenfalls ordentlich Spinacin aufgetragen, als es ihn verriss. Was sagst du dazu? Als sein Haupthaarbeauftragter, meine ich."

Andrea zuckte mit den Schultern.

„Was soll ich dazu sagen", dachte er laut. „Ich hätte ihm andere Mittelchen empfohlen." Es klang ein klein wenig pikiert.

„Aha?"

„Meine eigenen."

Genauer, seine demnächst eigenen. Shampoo, Festiger, Tönungen, Gel, Vitalisierer und sogar Rasierschaum aus der *Collezione Amerone*. So hieß die Linie, die Andrea sich ausgedacht hatte für das *schneise.de*-Franchise.

„*Collezione Amerone*, nicht schlecht. Wenn ihr eine Sache draufhabt, dann ist das Namenwahl bei Damenwahl. Und damit geht ihr an den Start?"

„Erst mal nur ich. Aber Döpken wird schon mitziehen. Die Produktion ist bereits angelaufen."

„Bei?"

„Bei *Krass ne Vlasy*. Kommen aus Tschechien und produzieren unschlagbar billig. Ein paar Pröbchen kannst du jetzt schon haben."

„Brauche ich das?“ Ich fasste mir ins volle grau melierte Haupthaar. „Ist doch noch vital und gefestigt.“

Über den Nachmittag legte Andrea mich an die Kette. Sergej musste zurück nach Barmen, abends stand er wieder auf der Bühne und seine Chefin kannte kein Pardon mit allen, die zu spät zum Anschwitzen eintrafen. Also ließ ich mich breitschlagen. Bedingung: zur Gammelfleischparty am Abend mit Emma durfte ich alleine. Gegenbedingung von meinem Zögling: zum Tanztee ja, zum Blasentee danach auch. Aber nur, wenn er, Andrea, in der Nähe sein durfte.

Grummelnd schlug ich ein und schubste ihn vor die Tür. Stadtluft macht frei, egal, ob draußen ein schläfriger Dienstag sein Regenlied gähnte oder nicht. Im Botanischen Garten flanierten wir die Zeit tot, zur Abwechslung mal ganz ohne Chichi in Jeansweste und Anorak. Nichts fiel mir auf, das meinem Hobbydetektiv-Auge spanisch vorkam. Kein Attentäter, kein heimlicher Verfolger, niemand. Andrea war zwar nervös, aber aus einem anderen Grund. Allmählich, bekannte er, rücke die Stunde der Wahrheit näher. Morgen war schon Mitte der Woche, so langsam dürfte etwas Schriftliches aus Frankfurt eintrudeln.

Im *Café Elise* hatten wir gerade Kaffee und Kuchen geordert, als Andreas Telefon ging. Die Spedition war dran, die Pappaufsteller waren da.

„Pappaufsteller?“

„Die vom Meistercoiffeur!“ Andrea grinste über alle Backen. „Ich in lebensgroß. Um die *Collezione* zu bewerben.“

Also zurück, die Keller- und Else-Lasker-Schüler-Straße herunter und durchs Zentrum zum Trendbüro. Ich half, die zwei Dutzend Papp-Amerones hereinzuschleppen und wie ein manngroßes Daumenkino vor die Wand des großen Studios zu platzieren. Andreas Konterfei und seine Ausmaße waren originalgetreu getroffen: Querschädel-Irokese, glänzende Bäckchen, dazu sein freches Grinsen und der kräftige Ranzen. So was müsste ich von mir auch haben. Jeder meiner Kölner Problemjugendlichen bekäme dann einen Pappvogel ins Wohnzimmer gestellt und würde bei seinem Anblick vielleicht mal vorher überlegen, was er anstellt, ehe er es anstellt.

Bis zum Abend gähnte der Tag weiter sein Regenlied. Andrea hatte für sechs Uhr noch drei Stadionkunden einbestellt, die beim In-Arena-Haircut-Event in Köln nicht mehr zum Zug gekommen waren, und schnippelte ihnen einen original Amerone Ear-to-Ear über den Schädel. Glücklich und mit einem Tütchen *Collezione*-Proben versorgt zogen sie ab.

Emma rief an und sagte, dass es auf dem Polizeipräsidium länger dauere und sie es nicht pünktlich zur Ü 40-Party ins Kipdorf schaffe. Wir können uns auch gleich im Funkloch treffen, schlug ich vor und beichtete ihr, dass ich über Nacht Kinderdienst hätte und meinen Schützling mitbringen würde.

„Kommt nicht in Frage." Emma klang entrüstet. Zum Glück nicht wegen Andrea: „Den kriege ich bei Jerzy unter."

Jerzy Tannenbaum war ihr Nachbar und Pendler zwischen Warschau und Wuppertal. Für seine Wohnung hatte sie den Schlüssel, um den kleinen Ovomaltine-Baum zu gießen, wenn er nicht da war. Jerzy, verriet sie, sei angeblich eine Figur aus einem Roman von Bodo Kirchhoff.

„Da schau mal einer an", brummte ich, „wen der Laberthier so alles kennt."

„Heute ist Schwedenabend, außerdem tritt der Bergische Chor der Eindeutschsänger auf und heizt ein."

„Klingt gut nach Liedgut", dachte ich laut.

„Ich bringe Jerzys Schlüssel mit", schnitt sie das Gespräch ab. „Dann kann dein Andrea gleich im Funkloch verschwinden."

Was der auch tat, während meine Strahle-Emma und ich uns zum Schwofen in den Oldie-Schuppen verkrümelten.

Nimm 'ne Chance auf meins, knödelten die Eindeutschsänger, *ich bin in Linie eins.*

Klarer Fall, ABBA

Honig, ich bin frei.
Nimm mich bei dir bei.

Es dauerte nicht lange und der ganze Laden sang mit. Ich packte Emma rechts am Hüftspeck und links an der Hand, und wir diskofuchsten los. Angepeitscht vom Scheibenreiter, ließ der Chor nichts anbrennen.

Gib mir,
gib mir,
gib mir
'nen Mannenddarm mit Nacht!

Die Best Ager gerieten in Wallung. Die Agerinnen auch.

Oh oh, oh oh,
Wasserklo.
Letztlich gesichten mein Wasserklo!

Und wie aufs Stichwort alle in die Keramik-Abteilung. Die alten Mädels zum Pudern, die Herren zum Pullern. Dann weiter, Harpo:

Und du denkst, du guckst wie Herr Bund
Wenn du paffst deine Zigarr'.
Nee, wat bizarr!
Kinostern,
Kiiinostern,
a-ha ha.
Du denkst du wärst ein Kinostern!

Danach Roxette und Mando Diao, *Tanz mit Jemandem*, und von da elegant zurück zu ABBA.

Du kannst Tanz,
du kannst Schwung,
Lebenszeit haste, bist jung.
Uuh-hu-uuu,
sieh das Gör,
guck die Bühn',
grab ein die Tanzkönigin!

Emma und mir stand der Schweiß auf der Stirn und unter den Achseln. Vollkommen platt schlurften wir dem grandiosen Finale entgegen, dem Bürgermeisterlied.

So ich sag
danke für den Mucke
des' Lied ich singe,
und für all
die Späßkens-Dinge.
Danke für die Mucke,
für geben sie zu mir!

Und dann, endlich, schlurften wir am *Kippchen* vorbei zum Taxistand.

„Wie war's bei von Theben?"

Nach dem Tag fragen verkürzt das Warten auf die Nacht. Auf den Rest der Nacht.

„Eigentlich überflüssig." Im Taxi griff Emma sich ans grüne Brillengestell, schob sich das Teil auf die Nasenspitze und sah mich oberlehrerinnenhaft an. „Er und dieser Schliepkorte waren im Bild. Kingsleys Eltern hatten ihnen schon gesteckt, dass der Wechsel vom WSV zu Bayer Leverkusen ausgemachte Sache gewesen war."

„Und?"

„Wie ich befürchtet hatte. Der WSV-Anhang ist plötzlich tatverdächtig. Von Theben vermutet, dass von dem bevorstehenden Vereinswechsel doch was durchgesickert war zu den Fans, und die daraufhin ihr Mütchen kühlen wollten am abtrünnigen Idol."

„Was für ein Schwachsinn."

„Klar ist es das. Aber erzähl das mal einer Kripo, die langsam unter Druck steht und liefern muss. Ein Fan, der sich am Tatort herumgetrieben hat, sitzt schon in der Probeklausur."

„Probeklausur?"

„In U-Haft."

Das musste Oßman sein, ‚Ozzy‘, für den ich sofort die Hand ins Feuer legen würde. Der doch nicht! Nicht bei dem Schock, den er abgekriegt hatte, als er Kingsley erkannte. Und erst recht nicht bei seinem Gerede von wegen ‚bester Mann‘.

„Das geht so nicht weiter“, überlegte ich laut, als Emma die Haustür aufschloss. Dass die Krupps anfingen, die Falschen einzubuchten, wurmte mich. Der Spürhund in mir rührte sich: in den Allerwertesten getreten vom schlechten Gewissen und geködert von der Aussicht, den armen Oßman aus dem Arrest rauszuholen und seiner Mutti nebenbei doch noch ein wenig zu imponieren.

„Was geht so nicht weiter?“

Andrea fragte das. In einem von Emmas Bademänteln stand er in ihrer offenen Wohnungstür und erwartete uns. In der einen Hand hielt er die Penispumpe, bis zum Rand gefüllt mit Prosecco. In der anderen die Pistole für den Unterdruck. Dazwischen baumelte die Gummischlauchverbindung.

„Das mit dir geht so nicht weiter“, sagte ich kühl. „Hier kommen eine Frage und eine Ansage.“

Ihm sei langweilig gewesen, antwortete er auf die Frage und nippte am Sekt. Bei Jerzy in der Wohnung habe er sich alleine gefühlt, so ohne Jerzy. Also habe er nach dem Schlüsselversteck für Emmas Bude gesucht und es gefunden.

Ich zog ihm den Schlüssel aus der Manteltasche. Andrea hatte die Hände zu voll, um es zu verhindern.

„Und jetzt auf ex, und dann ab ins Körbchen!“ Ich zeigte auf die Nachbartür, während er austrank.

„Ums Geschirr kümmern wir uns“, sagte Emma und langte nach der Pumpe.

Kapitel 8

Aus: ***Life of Dilbert***
„Großer Rivale, hartes Finale". Auch diese Weisheit zählt zu den ehernen Regeln unseres Metiers.

Bis zuletzt lieferte uns ‚Matte auf Platte' einen unerbittlichen Kampf. Beeindruckt war die Branche zum Beispiel von ihrer Kooperation mit den Bühnen-Profis vom Tanztheater Wuppertal. Da auch Spielerberater auf das ***Haircut Emphasizing*** *aufmerksam wurden, sickerte die Idee durch bis in den Lizenzspielerbereich sämtlicher Profivereine im Ruhrgebiet und Rheinland. Wer bei ‚Matte auf Platte' unterschrieb, erhielt kostenlose Unterweisungen in gewinnender Körpersprache und der Kunst des Haarschnittbetonens bei Zooming-Ins und Großaufnahmen, die zum TV-Regie-Repertoire bei Spielunterbrechungen gehörten. [...]*

Auch für Andrea Amerone waren diese Tage keine einfache Zeit. Plötzlich und unvermittelt geriet er in das Fadenkreuz eines Attentäters. Der bizarren Attacke mit einem Motorrad entkam er nur knapp. Einen zweiten Anschlag überlebte er, weil er nicht in seiner Trendbüro-Wohnung übernachtete. Der Täter hatte sich Zugang zu den Morgenstund-Räumen verschafft, um ihn kaltblütig niederzustrecken. Ohne Zweifel dachte der Killer, er habe ganze Arbeit geleistet. Die lebensgroßen Werbeaufsteller für die ***Collezione Amerone*** *mit dem Ganzkörper-Konterfei Andrea Amerones waren zerfetzt von den Garben aus einer Maschinenpistole.*

Für mich ein seltener Fall von Geltendmachung und Abschreibung von Werbungskosten in einem.

Als wir am späten Morgen aufwachten, hatte Andrea sich verkrümelt. Den Schlüssel zu Jerzy Tannenbaums Wohnung fand Emma im Briefkasten.

Ich wollte den Knaben zur Rede stellen, versuchte es aber vergeblich.

„Geht nicht ran“, grummelte ich. „Der kann sich auf was gefasst machen.“

„Großrazzia bei den WSV-Fanclubs.“ Emma klackerte mit den Fingernägeln auf das Display ihres Tablets. „In der WZ, sogar mit Bild.“

Ich schielte hin und sah die Visage von Schliepkorte, wie er junge Männer mit verpixelten Augenpartien und strammen Querschädel-Irokesen an einer Säule vorbei ins Freie geleitete. Die Säule war mit rotblauen Schals geschmückt, einer über dem anderen, von oben bis unten. Sie sah aus wie der Unterarm von Wolfgang Petry.

„Idiot“, zischte ich. „Ich muss was unternehmen.“

Eine halbe Stunde später waren wir mit dem Abspülen durch und ich machte mich auf nach Wichlinghausen. Emma hatte die Adresse zum Glück noch gespeichert.

„Herr O'Croy?“

„Was wollen Sie?“

Die Gegensprechanlage war das einzige Stückchen Luxus, den man sich in der Wohnanlage leistete. Ansonsten war das hier trist. Die Farbe blätterte in dicken Placken von der Fassade ab, das Treppengeländer war tüchtig eingerostet und über der Haustür leuchtete eine nackte Glühbirne vergeblich gegen den Mittwochsonnenschein an, der das Tal durchflutete.

Ich stellte mich vor als der diensthabende Pharmakologe aus der Gerichtsmedizin, dem es über alle Maßen unangenehm war, mitten in die Trauer und so kurz vor der Bestattung aufzukreuzen. Trotzdem hätte ich ein paar Fragen, und die wollten schleunigst beantwortet sein.

Zwei Minuten später saß ich auf einer alten Eckbank in einer Küche, die aus zwei Elektrokochplatten, einer Restaurant-Anrichte mit zwei riesigen Becken und darüber einer Zapfanlage mit drei Hähnen bestand: links heißes Wasser für das Spülbecken, in der Mitte kaltes für das Klarwasserbecken, rechts tot. Oder Guinness.

Robert O'Croy brühte von Hand Kaffee auf.

„Das Inventar vom Irish Pub", kommentierte er meinen Blick, „der Rest vom Schützenfest."

Er kratzte sich mit der freien Hand das Kinn. Unrasiert, müde und antriebslos sah er aus. So wie man es erwartet von jemandem, der auch am dritten Tag noch nichts anzufangen weiß mit seinem neuen Leben als Vater ohne Sohn.

„Schöne Idee trotzdem", log ich. „Zapfhähne als Wasserkräne, das ist mal originell. Ihre Frau ist nicht da?"

„Gerichtsmedizin, sagen Sie?", konterte er und schob mir einen Becher hin, schwarz und dampfend, ohne Milch und ohne Zucker. „Bleibt es nicht bei Freitag?"

Gute Frage. Keine, die ich beantworten konnte.

„Ich wüsste nicht, was dagegen spräche", druckste ich. „Für die Freigabe Ihres Sohnes sind die Kollegen zuständig. Ich bin hier wegen was anderem. Wir haben am Kopf seiner Leiche Spuren eines verschreibungspflichtigen Präparats gefunden."

Robert O'Croy musterte mich, sagte aber nichts.

„Ein Mittel gegen Alopezie", schob ich weiter an. „Gegen Haarausfall."

Immer noch Schweigen.

„Ihr Sohn trug vor seinem Tod gerne, wie soll ich sagen, ausgefallene Frisuren. Müssen wir uns damit das Zeug auf seinem Kopf erklären?"

Und noch immer Schweigen. Also packte ich den Köder aus. Der, von dem ich wusste, dass er eine falsche Fährte war.

„Hatte er das Zeug von dem Trendfriseur aus Elberfeld?"

O'Croy hob die Augenbrauen.

„Schauen Sie“, holte ich aus, „falls ja, dann macht das zwar Ihren Kingsley nicht wieder lebendig. Und auch Herrn Amerone macht es nicht zu seinem Mörder. Der hat ein wasserdichtes Alibi. Trotzdem wäre es ein dunkler Fleck auf seiner Weste. An das Zeug gelangt man nur über Apotheken, wie gesagt. Nicht über Friseurläden.“

Die gehobenen Augenbrauen senkten sich wieder. O’Croy grübelte. Also weiter, nachlegen.

„Ihr Sohn und Amerone, die konnten gut miteinander. Das pfeifen im Tal die Spatzen von den Dächern. Gleichzeitig ist Amerone der kreative Teil eines Start-ups, das mit jungen Profifußballern Haarmode verkaufen will. Also mit solchen wie Kingsley, den Bayer Leverkusen gerade frisch unter Vertrag genommen hatte. Gab es da Absprachen, Vorverträge? Wenn ja, dann müssten wir dem Herrn Amerone noch mal ein paar Fragen stellen. Wieso er seine Vertragspartner mit Haarwuchsmitteln versorgt, an die er unmöglich auf legalem Weg ...“

Da. Ich hatte ihn so weit. O’Croy gab sein Schweigen dran.

„Der dicke Schwule war außen vor“, unterbrach er mich. „So leid es mir für Sie und Ihre Theorie tut. Mit Amerone waren wir nie in Gesprächen, geschweige denn weiter. Dito mit seinem Geschäftspartner. Überhaupt nicht mit *schneise.de*.“

„Das überrascht uns“, sagte ich für die Galerie. „Und mit *wem haben* Sie gesprochen?“

„Mit vielen und niemandem.“ Er genoss den Anblick meiner Stirnfalten, die sich kräuselten. „Finalisiert haben wir mit keinem. Bayer bestand darauf. Sie wollten Kingsley bei Vertragsantritt blanko. Damit sie ihr Veto einlegen konnten, wenn der aus ihrer Sicht falsche Sponsor kam und uns als Werbepartner haben wollte.“

„Spalt-Tabletten und Rennie für den Magen und so?“

O’Croy ging nicht darauf ein.

„Aber Offerten angehört haben wir uns einige“, sagte er nur.

„Lassen Sie mich raten. Mütterlicherseits das jamaikanische Tourismusministerium, väterlicherseits Ryanair und für die schöne Haube ‚Matte auf Platte'!"

Er ließ meine Anspielungen so lange stehen, bis ich anfing, mich ein bisschen für sie zu schämen.

„Leif Löw war tatsächlich sehr entgegenkommend", meinte er schließlich. „Und es kann gut sein, dass wir uns einig geworden wären. So ist es anders gekommen."

„Und?", sagte ich auf Verdacht, weil ich das Gefühl hatte, dass das noch nicht alles war.

„Nichts und. Er half uns, Kingsley zu neutralisieren. Woher er das Zeug hatte, keine Ahnung."

Neutralisieren?

O'Croy kriegte mit, wie ich stutzte, und half mir auf die Sprünge.

„Der Haarschnitt, den Kingsley zuletzt trug, war schon sehr extrem", sagte er. „Aber mit ihm war nicht zu diskutieren. Immer bloß ‚ey Leute, der ist von Andrea Amerone' und ‚der Iro bleibt drauf'. Bis eben Bayer kam, bis vor einer Woche, da ist er umgeschwenkt."

„Kingsley wollte die Haare vor und hinter der Bürste nachwachsen lassen", erriet ich. „Um bis zum Vertragsantritt in Leverkusen auf eine einheitliche Länge zu kommen. Oder anders ausgedrückt, um den Irokesen so schnell wie möglich zu neutralisieren."

Und dabei war ihm Leif Löw behilflich. Als Dealer von rezeptpflichtigem Spinacin forte.

Blöd war, dass ich nicht der war, den ich vor O'Croy markierte. Sonst hätte ein Hinweis vom Gerichtsmediziner an die Krupps gereicht, um dem Apatschen mal mit dem Lasso zu kommen. Und blöd war auch, jedenfalls für Andrea und seinen Kompagnon Döpken, dass Leif Löw sein Handwerk tatsächlich verstand. Zur Not mit ein paar nicht ganz koscheren Tricks.

Gab es eine Verbindung von ‚Matte auf Platte‘ zu *Hair-Care*? Oder besser gefragt: wie sah die aus? Denn dass es sie geben musste, stand außer Frage.

Ich spazierte durch die Sonne Wichlinghausens herunter zur Wupper. O'Croy und seine Frau taten mir leid. Natürlich hatten sie hoch gepokert mit ihrem Sohn und seinem ersten Vertrag als Fußballprofi, die Gier wird ihnen wie Dollarzeichen in den Augen gestanden haben. Das alles hatten sie jetzt verloren. Für das Ableben vor Vertragsantritt haftete keine Versicherung, sprang keine Berufsgenossenschaft in die Bresche, zahlte niemand Hinterbliebenenrente: schon gar nicht an die Eltern. Das aber wog so viel wie Fliegendreck im Vergleich zum Verlust des Jungen.

An einem Imbiss am Berliner Platz orderte ich eine Currywurst und zwei Bier hintereinander: eines für mich und das zweite für den älteren Herrn im Trainingsanzug, der mich um die Pfandflasche anschnorrte.

Was Andrea zu den Machenschaften rund um den Schopf seines toten Schwarms Kingsley sagen würde?

Immer noch ging keiner bei ihm ran, und mehr: die Leitung war tot. Ich machte mir Sorgen und bekam ein schlechtes Gewissen.

Laberthier mutete mir ganz schön was zu.

Den Babysitter für Andrea spielen und gleichzeitig Licht ins Dunkel eines von Anfang an kruden Mordfalls in Wuppertal zu bringen, das war zusammen ein bisschen viel für einen ortsfremden Sozialarbeiter Mitte vierzig.

In dem Moment klingelte es bei mir. Gedankenübertragung war es nicht, ganz bestimmt nicht, dass ausgerechnet Laberthier sich meldete und sich entschuldigte für das, was er mir abverlangte.

„Von einem Immer-der-Reihe-nach-Typen ist das nicht zu stemmen“, erklärte er.

„Dual Tasking ist generell nix für Männer.“

„Im Grunde ist es sogar Triple Tasking."

„Und was ist das dritte Ding, auf das ich mich nicht konzentriert kriege?"

Er meinte den Ausschnitt aus *Life of Dilbert*, der dieses Kapitel aufgemacht hatte. Dieses hier, betonte er, das achte. Okay, den Ausschnitt habe ich nicht mitbekommen können, weil ich mich seit Kapitel 2 die meiste Zeit auf der Handlungsebene herumtreibe.

„Die ich aber erzählen darf", bemerkte ich schnippisch, „die Handlung."

Naja, nicht ganz, sagte er. Da sei schon noch mehr, das er außer meiner Ich-Erzählung in seinen Roman reinpacke. Ich bekäme es nur nicht mit.

„Beispielsweise das mit dem Attentat auf Andrea heute früh." Das stünde auf einem anderen Blatt, im wahrsten Sinn des Wortes, nämlich in eben dem *Dilbert*-Manuskript.

Attentat? Ich merkte einmal mehr, wie hoffnungslos ich Laberthier ausgeliefert war.

Immerhin besaß er die Güte, mich aufzuklären über das, was er euch Lesern hinter meinem Rücken längst gesteckt hat.

„Und ich darf mir jetzt Vorwürfe machen."

„Überhaupt nicht. Deswegen rufe ich ja an. In Elberfeld wurde es zu heiß für Andrea, und du hast deinen Schnüffeljob, deswegen habe ich ihn abgezogen."

„Wie, abgezogen?"

„Weg aus dem Pestgestank unten an der Wupper und raus aufs Land. Andrea geht es gut, er pöbelt rum wie immer. Nur ist er aus gutem Grund nicht zu erreichen."

Damit der Attentäter sich beim dritten Versuch nicht vergewissern kann, ob Andrea wirklich da ist, bevor er ihn mit der MP perforiert.

„Und ich soll in dem Pestloch weiterbosseln?" Die Schicht Flaschenbierkinder am Kiosk an der Straße stierte schon zu mir rüber, so sehr schäumte ich.

„Erstens ist die Luft nur für Andrea zu dünn und giftig, da unten im Tal. Nicht für dich. Und zweitens, glaubst du ernsthaft, ich verarsche dich?“

„---.“

„Vogel?“

„---!“

„Vogel?“

„💣☠👎☢💣!“

„Okay, dann schlage ich mal eine vertrauensbildende Maßnahme vor. Morgen in aller Frühe.“

Kapitel 9

Ich träumte süß von Tropfen und Tränen, die groß und dunkel wie reife Brombeeren waren, nach Büffelgraswodka schmeckten und meine Lippen benetzten.

Der Signalton meines Handys schob sich vor das Traumbild. Eine Kurznachricht. Es war kurz vor fünf. Durch die Ritzen der Jalousien stachelten sich frühe Sonnenstrahlen in die Wohnung und kitzelten die glatte Stirn meiner Emma, die in meinem Arm lag und fest schlief. Ich gab das angenehme Bild von der Tropfenbeere verloren, schälte Emma sanft aus dem Arm und sah nach.

Es war Laberthier, der mich in meinem Funkloch aufstöberte.

Ich zog mich an, zog die Tür ins Schloss und machte los. Hinein in einen prächtigen Donnerstagmorgen ohne Arglist, Hinterfotzigkeit und Verbrechen – jedenfalls hoffte ich das. Die Cronenberger Straße marschierte ich bergan und kreuzte die Schnellstraße.

Rechts von mir sah ich die Müllverbrennungsanlage, zum zweiten Mal nach dem Spaziergang auf der Sambatrasse. Der Klotz hatte mir damals nicht gefallen, weil er mir wie eine gigantische Klospülung vorkam, mit der man den Abfall einer ganzen Stadt bequem aus der Welt schaffen konnte. Jetzt sollte ich seine andere Seite entdecken: den Nutzen des Heizkraftwerks im Inneren der Anlage. Und überhaupt seine wunderbare Lage mitten im hügelig Grünen.

Idyllischer ging es nicht. Frühe Vögel tschilpten in allen Stimmlagen. Sie begrüßten die liebe Sonne und den lieben Namensvetter, als ich den schmalen Weg hinunter ins Tal schritt. Leuchtend blau schimmerte ein Rechteck in seiner Sohle, wie ein Diskothekenfußboden aus einem Film mit John Travolta.

Das Schwimmbad Neuenhof, geheizt vom Müll der Stadt, lag schräg unter mir. Ein Dutzend Frühschwimmer pendelte zwischen den Längsseiten hin und her. Sie waren in ihren Schwimmtonus versunken und zogen ihre Bahnen ausdauernd wie Wasserinsekten, die der Schöpfer auf Traubenzucker gesetzt hatte.

Ich stieg hinab, entdeckte die Terrasse des Schwimmbadrestaurants und rieb mir die Augen.

Mit verkaterten Gesichtern saßen dort die Hauptfiguren dieser Erzählung. Und nicht nur dieser Erzählung, sondern auch die Protagonisten der letzten Krimis, die Laberthier geschrieben hatte. Einige davon erkannte ich sofort, andere mit Verspätung. Martina zum Beispiel, die Mutter von Andrea, an der die Jahre seit unserer Trennung nicht vorbeigegangen waren. Daneben Andrea selbst, der die Hände um einen Becher Morgenkaffee gewickelt hatte und das Gebräu kaltblies. Hier also steckte er. In die bukolischen Täler von Küllenhahn hatte Laberthier ihn abgezogen!

Ich entdeckte Princess, siebzehn war die und eine ausgemachte Krawalltante. Eigentlich hieß sie Priscilla und hatte mich ordentlich Nerven gekostet, als ihr Papa Drohbriefe aus dem Darmstädter Fußballmilieu bekam. An diesen unwirklichen Ort gekommen war sie zusammen mit Deniz, ihrem türkischen Lover, der Pakete ausfährt und den deswegen alle Traffic Cem nennen. Daneben saßen Laberthier und eine Brünette mit Naturlocken, die mich hintergründig anlächelte und mir als Laberthiers Schwester Beate vorgestellt wurde. An ihrer Seite saß ein nervöser dicklicher Teenager, Adrian Ehrlich, der mit seinem Querschädel-Iro aussah wie der Zwillingsbruder von Andrea.

Lola Montizquierdo-Gil zwinkerte mir zu, eine Profilerin, mit der ich zu tun hatte, als ein Haufen durchgeknallter Schüler auf die Wahnsinnsidee kam, als Abiturscherz einen Amoklauf zu inszenieren. An ihrer Seite saß Richard Pfumfei, den Laberthier uns damals als IT-Experte an die Seite gestellt hatte. Außerdem waren da Helen Johanner, die über

Katzenminze in der Literatur promovierte, und ein Schriftsteller mit dem Künstlernamen ph gruner, mit dem Laberthier ein Zweimann-Zitationskartell unterhielt. Insgesamt zehn Mann hoch.

„Setz dich zu uns." Lola war es, die mich begrüßte. Auch Laberthier nickte mir zu. Die anderen, allen voran Martina, taten so, als sei ich Luft.

„Lola, meine Liebe, was geht hier ab?"

„Wir vertreiben uns die Zeit mit Ideen für die Fernsehwerbung. Jeder von muss einen Pitch für einen Werbeclip liefern, möglichst spritzig und mit Pointe. Das Ganze zehn Mal, und immer schön reihum. Als Nächster ist Dick an der Reihe."

Aha. Willkommen in der wunderbaren Welt der Unternehmensgründer und PR-Fachleute. Während im Tal die Hölle los war, probierten die hier oben aus, was sie als Scheherazade draufhatten und spielten Werbespot-Decamerone.

„Die siebenundsechzigste", verkündete Martina, die Spielleiterin. „Mein Sohn, das bist wieder du."

„Produkt: Haargel." Andrea war aufgestanden. „Marke: *Collezione Amerone*. Pitch: junger Metrosexueller verlässt Bett, der Querschädel-Iro nach durchzechter Nacht nicht in Form. Schnitt, derselbe Jüngling im Designbadezimmer. Schaut sich missmutig im Spiegel an, schüttelt sein schulterlanges Haar. Musik: ABBA, zuerst nur Melodie. Gegenschnitt, Traumfantasie oder Erinnerung, etwas Weichzeichner, der Knabe am Meer, Wind zaust ihm durch die Mähne. Chor zur Musik setzt ein:

Schöne Haare, wie sie wehen.
Lass sie stehen
bretthart!

Schnitt zurück vor den Spiegel, der süße Kerl plötzlich mit perfektem Iro. Stramm steht jedes Haar, im Neunziggradwinkel weg vom Schädel. Letzter Take: die Tube mit dem *Collezione*-Haargel im Vordergrund, dahinter ohne Tiefenschärfe der Bursche vor dem Spiegel, zufrieden mit sich selbst, lächelnd!“

Applaus der anderen, anerkennendes Gemurmel, tja-ja, unverwechselbar, ein typischer Dick Amerone. Laberthier beugt sich zur knuffigen Frau Johanner rüber und flüstert was von intertextuell, siebziger Jahre und Gard Haarstudio.

„Und weiter, die achtundsechzig.“

Diesmal traf es Deniz, den Paketboten. Wie Andrea präsentierte auch er etwas aus seiner Branche.

„Produkt: Delivery Service. Marke: DHL. Pitch: Fahrender Pakettransporter auf Landstraße. Diverse Draufsichten, seitlich, von vorne, von der anderen Seite. Sehr dynamisch. Passiert Ortsschilder. Solingen, Remscheid, Radevormwald. Schnitt, in die Fahrerkabine. Im Radio flotte Volksweisen, der Fahrer singt laut mit:

Hoch auf dem gelben Wa-ha-gen
Flitz ich nach Attendorn.

Er zeigt auf einen Haufen Pakete hinter dem Fahrersitz:

Postpäckchen hab ich gela-ha-den,
schwerere hinten, leichte vorn.

Schnitt, Kundinnen-Haustür. Fahrer übergibt Paket mit modischen Schuhen. Kundin ist entzückt, lädt Fahrer ein an eine gedeckte Kaffeetafel mit allem dröm un dran. Schnitt auf freundlich kopfschüttelndes Fahrergesicht:

Ich möchte ja so gerne noch bla-ha-heiben,
aber Frau Wagner, die schmollt.

Schnitt, Haustürschild Wagner. Schnitt, Fahrer überreicht der nächsten Kundin ein Parfümpaket. Close-up, Miene der Kundin hellt auf. Gegenschnitt, auch Fahrer lächelt, dreht sich zur Kamera und hebt den Daumen.“

Applaus der anderen neun, Kommentare und Lobeshymnen prasseln auf Deniz ein. „Und das Beste ist, es muss gar nicht das Bergische Land sein. Ginge auch mit Paderborn.“ „Oder Alsenborn.“ „Warum nicht? Local advertising!“

Ich schlich mich zu Laberthier und stellte ihn zur Rede.

„Frau Johanner“, ignorierte er meine Ungeduld, „darf ich vorstellen: Klaus Vogel. Wie er leibt und lebt.“

Helen Johanner zog ein freundliches Schnütchen und lächelte, ehe sie an die Reihe kam. Sie präsentierte den Pitch für einen Katzenkrimi-Werbespot, den sie *Tatze Kaspatze* nannte und in dem es um einen geistesgestörten Krimiautor ging, der unter einem Tourette-Syndrom leidet und zum Katzenserienmörder wird.

„Ist ja beruhigend“, schnarrte ich zu Laberthier, während ph gruner über Helen Johanners Spot schier aus dem Häuschen geriet, „dass es meinem Klienten gut geht“. Und dass er unter die Frühaufsteher gegangen ist, wollte ich ausholen: wie seine Mama, die sich in der Hinsicht nicht verändert hatte in all den Jahren.

Mein Herr und Existenzgebieter unterbrach mich.

„Pell dich hier rein, und wir reden unter vier Augen weiter“, sagte er und warf mir eine viel zu kleine Schwimmhose zu.

„Jetzt mal Tacheles“, schnaufte ich brustschwimmend. Es war eine Weile her, dass ich einem Schwimmbad die Ehre gegeben hatte. Und wenn, dann meistens auf der Kinderrutsche und nicht der Fünfundzwanzigmeterbahn.

„Guten Morgen, die Damen.“ Laberthier war die Ruhe selbst. Er schwamm zügig seine Bahn und besaß noch Luft, zwei mittelalte Mädels zu grüßen und die eine von ihnen mit ihrer Gummibadekappe aufzuziehen. „Frau Generalsekretärin, das macht Eindruck!“

„Tacheles!“, beharrte ich. Laberthier nickte.

„Du stehst vor zwei Rätseln“, sagte er. „Wie Leif Löw und das Spinacin forte auf Kingsley O’Croys Schädel zusammenhängen, wie der Kerl an das Zeug rangekommen ist und ob es insgeheim eine Wuppertaler Gründerszene-Mafia gibt, die ihn mit Gitta Galwas von *HairCare* verbindet. Das ist das eine."

„Und das andere?"

„Das ist für den Augenblick wichtiger." Laberthier ließ mich zu sich aufschließen, dann tauchte er unter mir durch und ploppte an meiner Luvseite wieder auf. „Der Mordanschlag gestern in Andreas Trendbüro."

„Wichtiger", prustete ich, „weil von wem verübt?"

„Das sollte leicht herauszufinden sein." Laberthier lächelte ein Zahnpasta-Reklamelächeln in die frühe Küllenhahner Morgenluft. „Detektiv Vogel, überleg mal."

Ich sah ihn an, dann weg, dann wieder an. Kraulte davon und spritzte ihm eine Ladung Wasser in seine Schriftstellervisage. Dabei überlegte ich, sozusagen auftragsgemäß.

Es dauerte fünf Bahnen, auf denen mich die Frau Generalsekretärin mehrfach überholte und aufmunternd anlachte, bis ich dahinterkam.

Laberthier hatte das Becken längst verlassen und war zu Werbespot Nummer fünfundsiebzig zurück auf die Terrasse geschlüpft, als es bei mir Klick machte.

„Mutter Amerone, darf ich mal." Es waren nach zwanzig Jahren die ersten Worte mit Martina. Ich kassierte dafür einen Blick der Marke Todesverachtung.

Trotzdem eiste ich Andrea von ihrer Seite los, während Laberthier die gute alte Jogurette-Werbung – die mit dem Aufstehen in der Nacht – für ein Präparat gegen Harndrang missbrauchte und dafür von den anderen acht wohlwollenden Beifall erhielt.

„Die Haustürkamera war auf Aufzeichnung", antwortete Andrea auf meine Frage.

„Und ist es noch? Oder warst du inzwischen im Morgenstund und hast ..."

„Sie ist noch an", unterbrach mich Andrea. „Nach vierundzwanzig Stunden überschreibt sich das Band automatisch."

Ohne Deniz hätte ich es nicht rechtzeitig in die Luisenstraße geschafft. Kurz entschlossen zog er den Choke und fuhr mich in seinem Paketauto ins Tal.

„Von wegen ‚Traffic Cem'", maulte ich in Anspielung auf seinen Spitznamen. „DHL für ‚Die Hard, Lieferfahrt', oder wie? Ich hab's zwar eilig, aber deswegen gleich so zu brettern?"

Deniz grinste, ohne den Fuß vom Gas zu nehmen, und steckte mir das Branchenmantra der Paketboten.

„Flott den Berg runter, flott die Karriereleiter rauf." Er fahre längst nicht mehr nur in Darmstadt die Post aus, sondern überregional. Das Wiesel von der Post, nannten er und seine Firma den Express-Service über Land. Wo er nach getaner Arbeit abends strandet, ist dabei zwar nicht immer klar. Aber die Kohle stimmt.

„Na, wenn's dich versorgt", brummte ich auf meinem Notsitz.

„Und zack, das war's." Deniz klang halb genervt, halb geschäftig, als es auf der Konsole über der Gangschaltung fiepte. „Meine letzten beiden Werbespots muss Princess übernehmen." Ein Display blinkte auf, dann dasselbe Fiepen auf dem Unterschriften-Pad neben dem Fahrersitz. „Da kommt gerade eine Expresslieferung rein."

„Was für ein Stress", dachte ich laut. Deniz pfiff anerkennend.

„Pick-up im Polizeipräsidium Wuppertal", raunte er, „direkt in der Asservatenkammer. Kommt nicht oft vor."

Natürlich wurde ich hellhörig. Und hellsichtig, als Deniz mir das Pad unter die Nase hielt.

„Bismarckstraße 122 in Leverkusen", griente er. „Wenn wir da nicht schon mal waren und mit den Lilien drei Punkte abgeschleppt haben ..."

Aha. Eine Lieferung von Wuppertal nach Leverkusen, von der Polizei zum Stadion von Bayer 04. Einen Reim darauf zu machen, war nicht schwer. Die Krupps hatten die Freigabe erteilt und der Verein wollte die sterblichen Überreste zurück.

„Wie ist der Kram, den du ausfährst, eigentlich versichert? Bestimmt rundum sorglos, oder? Transportschäden, Verlust, Natürliche Mängel ...“

Deniz war entrüstet. Es dauerte bis zur Ampel über der Wupper in der Alsenstraße, bis ich ihm verklickert hatte, was ich vorhatte. Vor dem Morgenstund versprach er schließlich, sich zu melden.

Es war Schlag halb sieben, als ich die notdürftig verriegelte Haustür aufschloss. Hatte Andrea die nicht reparieren lassen? Und jetzt war das Schloss schon wieder halb ausgerenkt? Ich schlich mich durch den Korridor und schob vorsichtig die Tür in das Kabinett auf. Eintausend Maskengesichter schauten mich aus eintausend Perückenhaltern mit eintausend ausgefallenen Fußballerfrisuren an, jedes regungslos und dadurch gespenstisch. Dazu die Pappfiguren, die immer noch aufrecht an der Wand lehnten und die Patronen verhöhnten, die sie durchsiebt hatten. Feine Staubkörner, vom Luftzug der Tür aufgeschreckt, rührten einen Wiener Walzer in den sonnendurchfluteten Raum.

Niemand war zu hören, kein Atem, keine Schritte, nichts. Das Trendbüro war menschenleer.

Andrea hatte mich am Schwimmbad instruiert. In einer kleinen Kammer neben Sicherungskasten und Gaszähler fand ich das Gerät mit dem Bildschirm und den Tasten für die Aufzeichnung. Ich drückte auf Stopp und fror die Menschen vor der Trendbüro-Tür ein, die in diesem Moment an der Kamera vorbei die Straße entlangliefen. Ein weiterer Tastendruck, und das Standbild setzte sich wieder in Bewegung. Nur jetzt gegen die Zeit.

Das Gerät spulte zurück, langsam zuerst. Ich erkannte mich selbst, wie ich vor fünf Minuten vor der Haustür stand und mit dem Schlüssel hantierte, den Andrea mir auf Laberthiers Geheiß zugesteckt hatte. Dann spulte das Ding schneller, zurück in die Nacht. Die Zeitanzeige ratterte und die Morgendämmerung schoss in umgekehrter Richtung vorbei, wurde zur straßenlampenbeleuchteten Finsternis. Nachtschwärmer huschten vorbei wie in einem frühen Großstadtfilm in Schwarzweiß, ehe es hell wurde: der gestrige Abend. Niemand blieb an der Tür stehen, nichts.

Die Digitalanzeige schnurrte sich durch die Nachmittagsstunden, passierte den Mittag und zählte den Morgen wie einen Countdown herunter. Elf, zehn, neun Uhr. Dann tat sich was. Ich erkannte Andrea, der sich wie ein Mops auf Speed im Rückwärtsgang der Tür näherte, in Windeseile aufschloss und im Inneren verschwand. Das heißt, eigentlich schloss er die Türe zu und verließ das Trendbüro. Selbst im Zeitraffer war zu erkennen, dass er es eilig hatte und nur noch weg von hier wollte. Sofort danach war zu sehen, wie er das Morgenstund verließ, es also in der richtigen Abfolge betrat und dabei eine Weile auf das lädierte Türschloss starrte. Ich stoppte das Rückspulen und vergewisserte mich. Er hatte es keine zehn Minuten in seinem Büro ausgehalten, ehe er wieder verschwand. Und er war bedeutend käsiger um die Nase als beim Hereingehen.

Der Anblick der toten Pappbilder musste ihn mitgenommen haben.

Die Uhr lief erbarmungslos auf die vollen vierundzwanzig Stunden zu. Dann würde sich das Band automatisch überschreiben und alles, was älter war, löschen. Acht Uhr, halb acht, viertel nach sieben. Nichts und niemand Verdächtiges und auch keine Veränderung, sieht man vom Stand der Sonne ab, die den Tag gestern eingeläutet haben muss, ohne dass Emma und ich es in unserer Liebeshöhle im Funkloch mitbekommen hatten. Wie in einer Sanduhr rannen die letzten Minuten dahin, jede einzelne ein zeitgerafftes Sandkörnchen, das durch den Engpass glitt und verschwand. Viele waren es nicht mehr. Zwölf, elf, zehn Stück.

Und dann passierte es doch noch. In schwarzer Ledermontur und mit einem Motorradhelm auf dem Kopf sprang jemand rückwärts auf die Tür zu. Wie ein Polizist, der sie mit Anlauf einrammen will und ihr dafür den Rücken zukehrt. Auch die Wumme im angewinkelten rechten Arm fehlte nicht.

Stopp! Und in Normalgeschwindigkeit noch mal durchlaufen lassen, jetzt richtig herum. Die Ledermontur tarnte den eher schmächtigen Körper eines Mannes.

War es derselbe, der es auf der Schnellstraße vor dem Engelsgarten auf Andrea und Sergej abgesehen hatte? Der sie plattzubrettern versuchte?

Auf 23 Stunden und 58 Minuten stand die Digitalanzeige, als der Mann, der Andrea umnieten wollte, das Trendbüro im Laufschritt verließ. Die spannende Frage war, hatte das Band auch aufgezeichnet, wie er es betrat? Oder war der Moment seines Eindringens schon überschrieben worden?

Ich spulte das Band bis ans Ende durch, auf 23 Stunden und 59 Minuten und 59 Sekunden, und ließ es in Normaltempo ablaufen.

Und wieder wurde ich fündig, natürlich. Was für ein Timing, Laberthier! Ich bin hin und weg von deinen Machinationen.

Von vorne sah der Typ noch schmächtiger aus, als er das Schloss aufhebelte. Fünf Sekunden und einen kräftigen Stoß gegen das Türblatt brauchte er dafür. Sein Gesicht war unter dem verspiegelten Visier des Motorradhelms kaum zu erkennen. Erst als er die Klinke herunterdrückte und mit der MP im Anschlag die Tür aufschob, hob er den Kopf. Ganz kurz, vielleicht eine Zehntelsekunde lang, erkannte man in dieser Bewegung die Schemen einer Männervisage.

Ich stellte die Wiedergabe auf extreme Zeitlupe und fror das Bild ein. Eine Nase aus braun gebranntem Leder machte ich aus, darüber stechende Augen, die konzentriert in die Leere des Büroflurs starrten.

Gab es Zweifel, konnte ich mich irren?

Die Haare auf der Stirn, plattgedrückt vom Helm und deswegen im Sichtfeld der Kamera, passten nicht. Sie waren zu lang, zu gewellt, und nicht schwarz.

Oder täuschte mich der Blickwinkel der Kamera? Der Ausschnitt des Bildes? Die Reflexion des Helmvisiers? Meine Erinnerung an die Physiognomie eines Mannes, den ich bislang nur ein einziges Mal zu Gesicht bekommen hatte?

Kapitel 10

Ich rührte den Milchkaffee tot, den mir die Frühschichtmieze im *Katzengold* vorsetzte. Dazu ließ ich die Dinge reifen. Die in mir und die um mich rum. Die Dinge in diesem Fall.

Emma meldete sich. Sie klang schlaftrunken und wollte wissen, warum ich frühmorgens ab durch die Tür war. Im Hintergrund plätscherte es, als sie anrief. Wahrscheinlich stand sie am Handwaschbecken und wusch die Pumpe aus. Ich berichtete ihr von meiner Schnitzeljagd von ihrer Wohnung über das Müllverbrennungsbad bis in Andreas Trendbüro.

„Dann glaub du mal an deine Theorie", meinte sie trocken, als ich ihr von der Aufzeichnung der Haustürkamera erzählte und davon, wen ich unter dem Motorradhelm vermutete. „Wir müssen ja nicht immer ein Herz und eine Seele sein."

„Was soll das heißen?"

Nix sollte das heißen, meinte sie kurz angebunden. Kurz danach legte sie auf.

Ich zog die *Westdeutsche* und die *Rheinische Post* vom Zeitungshaken und überflog die Schlagzeilen. Im Fall Kingsley gab es nichts Neues, ließ der Polizeipressesprecher im Namen der Krupps vermelden. Der Leichnam des Getöteten war freigegeben worden und überhaupt sei großer Kehraus angesagt. Nur der Wuppertaler SV solle sich keine großen Hoffnungen machen, die Verpackung O'Croys war ähnlich schwer ramponiert worden wie der Tote selbst.

Eine ziemlich dumme Sache sei das mit dem zerfetzten Pröppi, las ich ein paar Seiten weiter im Sportteil. Denn ansonsten war alles angerichtet für die Meisterschafts- und Aufstiegsfeier am Samstagmittag. Achttausendachthundert Tickets waren schon verkauft, man rechnete mit einer satt fünfstelligen Zuschauerzahl, wenn im letzten Saisonspiel gegen Kapellen die Kapelle wackelte. Ohne Pröppi wäre das zwar auch schön, aber mit halt schöner. Da war selbst der Bergische Chor der Eindeutschsänger mit seiner Massenkaraoke nur ein kleiner Trost, den der Verein auf Betreiben einiger Fans für das Vorprogramm verpflichtet hatte.

Tja, die rotblauen Fans. Wirklich in Stimmung waren sie noch nicht, jedenfalls nicht alle. Das las ich im Lokalteil. Die Razzien in den Fan-Kneipen und die U-Haft für einen von ihnen kriegten sie nicht so einfach aus den Kutten geschüttelt. Einer von ihnen sprach von Polizeiwillkür. Was das für die Stimmung am Samstag beim großen Saisonabschluss bedeute, ließ er offen. Auch ein Streetworker kam zu Wort, der im Namen und Auftrag der Fans in Kontakt mit der Polizei stand und sein Möglichstes tat, um die Sache zu deeskalieren. Norbert Schrickensief hieß der, was bei mir den Groschen fallen ließ. Wenn das man nicht der Bursche war, der mit Laberthier an der Theke gestanden hatte, als wir in der Sonntagnacht auf ein paar Absinth eingekehrt waren.

Ich googelte mir den Kollegen und siehe da, ich fand ihn gleich beim ersten Eintrag beim deutschen Ableger von *Travailleurs Sociaux sans Frontières*. Komplett mit Adresse und Telefonnummer war er dort präsent. Von Sozialarbeiter ohne Grenzen zu Sozialarbeiter ohne Grenzen notierte ich mir seine Telefonnummer, als jemand mich durch die Fensterscheibe erspähte und eine halbe Minute später bei mir am Tisch saß.

„Möcht' einen Herzallerliebsten haben", jammerte Sergej, „und mich in seinem Fleisch vergraben."

„Willst du in Männerspeck dich suhlen", antwortete ich, „musst du um einen andren buhlen."

Sergej ließ das so nicht stehen.

„Khedive, sprich! Wirst du mein Wächter?", mit Schauspielerlächeln. „Mit dir wär's wahrlich auch nicht schlechter."

„Bleib treu dem Zebaothen-Knaben. Der hat mehr Fleisch zum Sich-Vergraben."

„---."

„Und wenn du schwächelst, so erstarke. Was willst du mit der Bärenmarke?“

Letzteres wirkte. Sergej gab das Scharwenzeln dran und schaltete um auf prosaisch. Wo Dick stecke, wollte er wissen und bekannte, dass er sich Sorgen machte. Ans Telefon ginge keiner ran, sagte er, und im Trendbüro sei er auch nicht.

„Andrea ist bei seiner Mama. Und in Sicherheit. Jetzt gibt es auch noch jemanden, der ihm bis in seine Wohnung nachgestellt hat. Außer dir, meine ich. Ernsthafter. Auf Leben und Tod nachgestellt ...“

Sergejs Murmelaugen traten aus den Höhlen wie weiße Kirschen.

„Nur die Ruhe“, beruhigte ich ihn, „ich habe da eine Ahnung, wer das war.“

In dem Moment ging mein Handy. Es war Deniz.

„Und eine Idee, wie wir den Schurken überführen, habe ich auch.“ Ich drückte die grüne Taste.

Bis zum Mittag hatte ich nicht mehr nur eine Idee, sondern einen Plan. Sergej konnte ich überreden, dem strohblonden Zotteltier in seinem Künstler-Loft in Loh vorübergehendes Asyl zu gewähren. Dann bat ich Deniz, die Lieferung am Rasthof Ohligser Heide als vermisst zu melden. Nur wenn sie auch wieder auftaucht, beharrte Deniz. Ich versprach es und steckte ihm die neue Lieferadresse durch.

Der kitzelige Teil war ein anderer. Wenn die Nummer mit dem Gerichtsmediziner bei Papa O'Croy so reibungslos über die Bühne gegangen war, weil der ein pharmakologischer Laie war, dann würde mich die Neuauflage vor ganz andere Herausforderungen stellen. Außerdem war beim Billard mit Dr. med. Gitta Galwas mehr Raffinesse gefragt, um über ihre Bande das zu erreichen, worum es mir ging. Ein bisschen nervös war ich also schon. Das konnte alles auch schiefgehen.

„Das wird schon“, beruhigte mich niemand anderes als Laberthier. „Wir stehen alle hinter dir“, vermeldete er aus dem Frühnachmittagsfreibad. „Ich ganz besonders.“

Als kleinen Liebesbeweis schickte er mir eine Datei. Damit ich mich in der entscheidenden Phase seines (!) Falles nicht wieder aufrege, wenn außerhalb meiner Reichweite etwas Wichtiges passierte.

Aus: ***Life of Dilbert***
Am Donnerstag klingelte der Postbote mit einem Einschreiben.

Der Postbote und ein Einschreiben!

Der Deutsche Fußballbund setzt auf traditionelle Kommunikationsformen. Was das ***E-Commerce*** *noch nicht vom Markt gefegt hat, bleibt selbstverständlich gültig. Dennoch war es possierlich, wie die Herrschaften in Frankfurt an den alten Zöpfen hingen. [...]*

Natürlich verursachte der Vertrag mit dem Fußballverband Qualen beim Rivalen. Mir musste das egal sein. Genauso wie die Tatsache, dass das Schicksal von ‚Matte auf Platte‘ damit besiegelt war. Mit dem Vertrag, mit unseren Finten und meinen Hakenschlägen. Ich komme darauf zurück.

Zunächst galt es, die nächsten Schritte anzugehen. Die Franchise-Nehmer-Interessenten wollten informiert und entsprechende Vereinbarungen mit ihnen unterschriftsreif vorbereitet sein. Die Homepage brauchte ein Update, vor allem die Freischaltungen für ***E-Clients*** *und* ***E-Franchise*** *mussten erfolgen, denn* ***schneise.de*** *war und blieb unser Tor zur Umsatzwelt. Call- und Mailcenter-Kapazitäten mussten hochgezogen werden, in minimalem Umfang zwar nur, aber trotzdem.*

Also inserierten wir an den Universitätsstandorten Grifflenberg und Freudenberg und gewannen ein Team aus vier Studenten, das wir einarbeiteten und das sich abwechselnd um Beschwerden, Rückfragen und sonstige individuelle Koordinations- und Logistikschwierigkeiten kümmern sollte.

Mittelfristig standen Gespräche mit Andrea Amerone an. Nach dem ***Launch****, den wir mit dem DFB für den Beginn der nächsten Bundesligasaison vereinbarten und bei dem Amerone selbstverständlich die Bühne und das Rampenlicht gehören sollten, würde zu klären sein, in welchem Maß und Umfang wir tatsächlich auf ihn als Galionsfigur setzen sollten. Und wollten. Ob ihm das nicht über den Kopf steigen würde. Oder gar, dies meine insgeheime Sorge, zu Kopfe.*

Überhaupt Amerone. Er machte ganz schön was durch. Den Verdacht, den die Polizei gegen ihn in der Mordsache Kingsley O'Croy hegte, hatte er zwar längst ausgeräumt. Doch der Attentäter, der es auf sein Leben abgesehen hatte, lief noch frei herum. Die Ermittlungen derjenigen, die sich hinter die mysteriösen Begebenheiten klemmten, waren eifrig, aber nicht von Erfolg gekrönt. Der Durchbruch ließ auf sich warten. Kein unbedingt angenehmes Gefühl: weder für Amerone noch für mich. Uns waren die Hände gebunden.

Da haben sie also endlich ihren ersehnten Coup gelandet, dachte ich mir in der Schwebebahn nach Vohwinkel. Warum Döpken bei der Aufklärung der Attacke auf seinen Kompagnon die Hände gebunden waren, wusste der Himmel. Ich wusste für meinen Teil nur, wie sich der Angriff aufklären ließ, und war in exakt dieser Mission unterwegs zur *Hair-Care*-Chefin.

Der Pharma- und Chemiepark Wuppertal ist eine Art Großraumbüro mit bis zur Decke hochgezogenen Zwischenwänden, in dem man sich beim Driften von Koje zu Koje wie beim alten Schweden aus Kötbullarland fühlt. Jeder Zimmertyp war vertreten. Es gab das offene Foyer, das ich von den Fotos wiedererkannte, die beim Empfang mit den Granden von Bayer 04 Leverkusen geschossen worden waren. Es gab das auf Retrowohnzimmer getrimmte Büro eines Online-Medikamente-Grossisten. Und es gab die Nasszellen der Labors, in denen Erlenmeyerkolben über Bunsenbrennern köchelten wie Parfümflakons beim Glasbläser.

Ein solches Pharmabadezimmer durchschritt ich auf dem Weg zu einer Feuerschutztür, die in die gute Stube der *Hair-Care* führte. Durch ein dickes Bullauge aus Sicherheitsglas sah ich sie sitzen, entspannt in einen Schreibtischsessel gedrückt: Gitta Galwas. Unprätentiös und Anfang dreißig, das lange glatte Haar mit einem Gummi im Nacken gebändigt, Slipper an den Füßen und einen Hosenanzug über dem nicht eben klapperdürren Rest oberhalb der Füße.

Ich holte Luft und wollte gerade anklopfen, als sie sich erhob und ich mitbekam, dass sie nicht alleine war. Sondern in ein Gespräch vertieft, das just in diesem Moment beendet wurde. Gitta Galwas beugte sich vor und schüttelte jemandem die Hand.

Eine Hand, die ich kannte.

Denn kurz darauf öffnete sich die Tür und Emma stand vor mir. Verdutzt und verdattert wie ich selbst. Sie nickte mir zu, beinahe unmerklich. Versteckte eine Medikamentenschachtel hinter ihrem Rücken. Und sagte kein einziges Wort. Weder zu mir noch zu Doktor Galwas, von der sie sich mit einer zögerlichen Geste verabschiedete. Stumm suchte sie das Weite.

„Was kann ich für Sie tun?", riss Gitta Galwas mich aus meiner Verwunderung. „Mit wem habe ich die Ehre?"

Tja, mit wem? Schweißperlen traten mir auf die Stirn. Ich täuschte einen kleinen Hustenanfall vor, um Zeit zum Nachdenken zu gewinnen, und ratterte die neue Situation durch.

Was verband Emma mit Doktor Galwas?

Offensichtlich zwei Dinge.

Eins davon hatte sie gerade vor mir zu verbergen versucht. Das andere war die Stiftung Talvereine.

Und Emmas merkwürdige Wortkargheit? Wollte sie mich vor ihrer Stiftungsratsvorsitzenden nicht kennen oder war sie schlicht nur perplex?

Keine Ahnung.

Ahnen tat ich nur, dass ich mich in den nächsten fünf Millisekunden entscheiden musste, als wer ich mich vorstellte. Blieb ich bei der Maskerade mit dem Gerichtsmediziner und ging das Risiko, demnächst von Emma vor Madame Galwas enttarnt zu werden? Blieb ich bei der Wahrheit und präsentierte mich als Klaus Vogel, der sich an der Weitergabe von rezeptpflichtigen Medikamenten an tote Fußballtalente störte und deshalb bei *HairCare* auf den Busch klopfen kam? Oder behauptete ich, dass ich mich in der Tür geirrt hätte, und zog unverrichteter Dinge wieder ab?

Eine Auswahl an Möglichkeiten, die keine war. Warum dann nicht gleich dem Affen Zucker geben?

„Mein Name ist Drittkrupp“, stellte ich mich vor, „die Kripo Wuppertal schickt mich zu Ihnen.“ Ich tischte Gitta Galwas die Legende vom Pharmakologen auf, dem das Haarwuchsmittel am Kopf des toten Kingsley O’Croy aufgefallen war und der deswegen bei dessen Vater auf den Zahn gefühlt hatte. Mit dem Ergebnis, dass ein Start-up-Talent namens Leif Löw für die Applikation von Spinacin forte auf O’Croy-Juniors Skalp verantwortlich war.

„Und jetzt wollen Sie wissen, wie Leif an das Präparat kam?“

„Er ist schließlich kein Onkologe, und Kingsley war kein Krebspatient“, nickte ich. „Anders als die Dame, die gerade mit einer Packung von dem Zeug Ihre gute Stube verlassen hat.“

„Sie kennen Frau Ernenputsch?“

„Kennen wäre ein wenig untertrieben.“ Ich kratzte mir die Wange. „Wir schlafen miteinander.“

„Schön für Emma“, hüstelte sich die Galwas in einen kleinen Anfall. Jetzt spielte sie auf Zeit. Meine Überrumpelung war nicht von schlechten Eltern.

„Nicht nur für sie.“ Ich gab ihr eine Chance. „Emma ist eine wunderbare Frau und Liebhaberin. Das erste werden Sie sicher bestätigen können.“

„Das mit der Frau?“, fing sie sich wieder. „Bislang ja. Was ich nicht wusste, ist, mit wem sie noch unter einer Decke steckt.“

„Sie meinen mich?“ Ich lächelte hintersinnig. „Wieso *noch*?“

Das warf Gitta Galwas einen Augenblick lang aus der Bahn. Nur einen kleinen Augenblick zwar, doch ich hatte es mitbekommen. Von nun an konnte ich sicher sein, dass Emma keine zwanzig Sekunden, nachdem ich hier wieder raus war, ausgequetscht werden würde. Dass sie meine hübsche kleine Drittkruppnummer auffliegen lassen würde. Und dass Emma vermutlich noch mehr herausrücken würde über mich, weil sie bei Galwas doppelt in der Schuld stand, oder es zumindest meinte. Als Angestellte der Stiftung, die von der Frau Jungunternehmerin beaufsichtigt wurde, und als Patientin, die von ihr das Anti-Alopezie-Präparat bezog.

„Mit wem sie alles unter einer Decke steckt, um ... na, Sie wissen schon.“ Netter Versuch, die Sache wieder zu verschmieren und aus Emma in einem eine Nymphomanin zu machen.

„Zurück zu meiner Frage. Wie kam Löw an das Spinacin forte?“

„Überlegen Sie mal.“ Jetzt wurde sie hintersinnig.

Über Emma? Unmöglich. Eine Ausrede, und eine bösartige dazu.

Aber egal. Ich musste den Köder auslegen. Allerdings anders, als ich es ursprünglich geplant hatte.

„Schauen Sie, ich bin für die Kripo nur die Aushilfe. Der Laufbursche. Eigentlich habe ich mich um anderes zu kümmern, das weiß auch Kommissar von Theben.“

„Dann sagen Sie Ihrem Kommissar, dass ich ihm nicht helfen kann!“

„Trotzdem spannt er mich ein“, fuhr ich ungerührt fort. „Heute schickt er mich zu Ihnen, dann noch mal zu Vater O’Croy und am Samstagmittag habe ich eine Verabredung im *Okavango* mit Andrea Amerone", Kunstpause, Einwirkzeit, „der bislang auch so tut, als hätte er von Spinacin forte noch nie was gehört."

Gitta Galwas zuckte ein klein wenig.

„Ich kann Ihnen wirklich nicht helfen", sagte sie.

Auf der Höhe Pestalozzistraße versuchte ich es das erste Mal. Die Schwebebahn schaukelte mich zurück stadteinwärts, als ich die Nummer wählte. Natürlich war noch besetzt.

Mir war klar, dass Wuppertal jetzt auch für mich zum heißen Pflaster wurde. Ich musste weg von hier. Nur diesen Anruf noch, dann würde Laberthier mir ein Zugticket zurück nach Köln spendieren müssen. Bis übermorgen, Samstag.

„Emma?"

Am Döppersberg, zwischen Schwebebahnstation und Hauptbahnhof, kam ich endlich durch. Gitta Galwas hatte Emma eine geschlagene halbe Stunde ins Verhör genommen.

„Es ging um Dienstliches", log sie. „Was wolltest du von Frau Galwas?"

„Ich? Eine Alopezie-Beratung." Dann scharf: „Es heißt, bei ihr kommt man an Gratisproben von diesem Wundermittelchen, Spinacin. Jedenfalls tut man das, wenn man mit ihr kann."

„So wie ich, willst du sagen."

„Wie Leif Löw", legte ich den zweiten Köder aus.

Die Antwort war Schweigen, dann:

„Warum rufst du an?"

„Um mich für heute Abend zu entschuldigen. Ich muss dringend nach Mülheim. *Köln*-Mülheim. In mein Revier. Es gab Randale und einer meiner Buben steckt tief mit drin. Ich muss intervenieren, sonst stecken sie ihn in die Pension Kachelpritsche."

„Wann sehe ich dich wieder?"

„Glaub mir", sagte ich, „in den Kram passen tut es mir nicht. Meine Nachforschungen stört es gewaltig. Ausgerechnet jetzt, wo sich was tut. Von wegen, mein *Schützling* Andrea."

„Nicht mehr dein Schützling?“ Emma bekam die Ironie mit. Und ich bekam ihr Mitbekommen mit. Zeit für den zweiten Teil von Köder Nummer zwei.

„Keine Ahnung, abgetaucht ist er. Ich sehe ihn erst am Samstag wieder. Jedenfalls hoffentlich. Ich habe mich mit ihm verabredet.“

„Verabredet?“ Emma klang auf einmal sehr interessiert.

„Neutraler Ort“, gab ich bereitwillig Auskunft. „Darauf hat er bestanden. Im Zoo-Restaurant.“

Das war es, was sie hören wollte. Ich merkte es zehn Kilometer gegen den Wind.

„Und wann sehen wir uns wieder?“, fragte sie zum zweiten Mal. Mir versetzte es einen kleinen Stich, denn es klang nicht mehr ganz so interessiert.

„Lass mich erst das in Köln erledigen“, wich ich aus. „Ich rufe dich an.“

Kapitel 11

Den Donnerstagabend und den kompletten Freitag verbummelte ich in Köln in meiner Wohnung und telefonierte mit meinem Sozialarbeiterkollegen Schrickensief, der mir seine Sorgen klagte. Auch vierundzwanzig Stunden vor der großen Aufstiegssause machte der Staatsanwalt keine Anzeichen, die eingebuchteten WSV-Fans freizulassen.

„Ich habe da ein Angebot", röchelte ich in den Hörer, „das kannst du unmöglich ablehnen."

„Lass hören, Pate."

„Du mobilisierst mir die restliche Meute. Die auf freiem Fuß. Im Gegenzug haue ich deine Kuttenträger aus der U-Haft raus. Das heißt, mit ein bisschen Glück haue ich sie raus."

Norbert wollte mehr wissen, und ich erzählte ihm mehr. Schließlich schlug er ein.

„Krieg ich hin", sagte er.

„Vor allem brauche ich diesen Sprockhövel. Um Viertel nach elf!"

„Krieg ich auch hin. Sogar mit Parole. Und die anderen erst um zwölf."

„Je mehr, desto besser."

„Rote Rösser, blaue Reiter: Wuppertaler, immer weiter! Lass mich nur machen."

Auch bei Sergej rief ich an. Ja, beruhigte der mich, mit Dick habe er inzwischen gesprochen. Dem gehe es gut. Und ja, auch die Lieferung sei eingetroffen. Im begehbaren Kleiderschrank habe sie es sich gemütlich gemacht, schön mit Mottenkugeln zwischen Federboas und den Seidenschals.

Perfekt. Dann fehlte jetzt nur noch der eine Anruf.

Schliepkorte nahm ab. Was einerseits mein Anliegen erleichterte, denn er war es gewesen, dem ich vor ein paar Tagen den Bären mit dem dritten Mann am Tatort aufgebunden hatte.

Andererseits wollte ich keinen Pseudokrupp, sondern den richtigen Krupp dabeihaben, wenn die Party stieg.

„Bestimmt haben Sie an Herrn von Theben weitergegeben, dass mir noch etwas eingefallen war. Die Sache mit dem dritten Augenzeugen."

Schweigen in der Leitung. Und zwar ein Schweigen von der ganz besonderen Sorte. Der Oh-scheiße-Sorte. Ich konnte an Schliepkortes Stillhalten förmlich fühlen, dass er seinem Chef nichts berichtet hatte.

„Hören Sie", nach einer halben Ewigkeit, „kann Herr von Theben Sie zurückrufen?"

Eine halbe Stunde später rief der richtige Krupp zurück. Er klang angefressen, als er meine Geschichte vom dritten Mann hören wollte.

„Ich glaube, ich weiß inzwischen, wer das war", legte ich los.

„Ach was?"

„Der Mörder von Kingsley O'Croy."

„Was Sie nicht sagen!" Pause. Ich sagte nichts. „Ein Tatzeuge, der auf eigene Faust rummacht. Das reicht für eine dicke Kerbe bei mir im Holz." Nochmal Pause. „Einen Namen hat der Mann auch?"

„Hat er natürlich. Nur möchte ich diesen Punkt auf morgen verschieben."

„Ich aber nicht." Er wurde ruppig. „Wieso auch?"

„Schauen Sie, mein Vertrauen in Sie als Hauptkommissar ist unendlich. Mein Vertrauen in die Kriminalpolizei Wuppertal ist es nicht ganz."

Das saß. Krupp von Theben wusste genau, was ich meinte.

„Wir sind alle nicht als Kommissare auf die Welt gekommen", hörte ich ihn nach einer Weile sagen. „Was haben Sie anzubieten?"

„Ich liefere Ihnen den Killer von Kingsley O'Croy auf dem Silbertablett. Komplett mit Nachweis der Tat, mit Beweisen und, wenn wir beide ein wenig Glück haben, sogar einem Geständnis. Nur eben erst morgen."

„Wir sind längst selbst so weit", blöffte er. „Warum sollte ich mir von Ihnen noch etwas servieren lassen?"

„Vielleicht, weil ansonsten ich für den jungen Oßman aussagen werde? Und dann meine Aussage vor Gericht gegen die Indizien steht, die die Firma Krupp bis dahin zusammengetragen hat?"

„Sie sollten mir nicht drohen, Vogel." Von Theben atmete tief ein. „Wirklich nicht."

Ich merkte, ich war einen Tacken zu weit gegangen, und entschuldigte mich.

Die Antwort war Schweigen in der Leitung. Von Theben dachte nach, und ich ließ ihn.

„Wann genau morgen?", brummte er schließlich.

„Mittag", sagte ich. „Ich rufe Sie um halb zwölf an."

Unausgeschlafen und ein wenig nervös nahm ich morgens um halb neun den Bus zum Kölner Hauptbahnhof. Über Leverkusen, Opladen und Solingen küsste die liebe Sonne den Pendlern, Händlern, Marktleuten, Samstagseinkäufern und einem Rudel Fortuna-Köln-Fans auf Auswärtsfahrt das Gesicht. Dann auf den Feldern vor Vohwinkel das Unvermeidliche. Wolken schoben sich vor die liebe Sonne und es fing an zu dröppeln. Nicht stark, aber immerhin so, dass es einem wie meteorologisches Stadtmarketing erschien. Wuppertal gähnte sein Regenlied.

Die Stadt kleidete sich zur Feier des Tages in Rotblau. Menschen in Schals und Regenjacken, flugs angekleisterte Aufstiegsgratulationen an Litfaßsäulen und Plakatwänden, sogar Stoffbahnen am Bahnhof. Die Kölner Fans im Zug animierte das, ihr Liedgut auszupacken. „Ein Schuss, ein Tor, Aydoğmuş!", schallte es durch die Waggonfenster über den Bahnsteig.

Ich hastete zu Sergej und nahm das Maskottchenkostüm in Empfang. Es roch immer noch leicht nach Rasierschaum, vor allem das Innere des Kopfteils, das außerdem zu groß war, um in der Schwebebahn nicht aufzufallen. Sergej half mir aus der Patsche und lieh mir einen Rollkoffer.

Um kurz nach elf stand ich vor dem Eingang zum Zoo und schaute mir den Lageplan mit den Gehegen an. Norbert hatte ganze Arbeit geleistet und die Fans aktiviert. In kleinen Gruppen standen sie am Eingang, komplett mit Schals und Kutten - und die meisten mit dem typischen Amerone-Cut auf dem Schädel. Sie nuckelten Dosenbier und waren vorfreudig gespannt auf das Finale vor dem Finale, das in weniger als drei Stunden nebenan im Stadion steigen würde. Ich ging die Kerls und jungen Mädels durch. Einen von ihnen brauchte ich als Lockvogel.

„Wurm?"

Ich fuhr herum. Ein kräftiger, etwas untersetzter Bursche stand da und musterte mich von oben bis unten.

„Früher Vogel", sagte ich und kam mir blöd vor.

„Dann haben wir uns gefunden." Sprockhövel schüttelte mir die Hand.

„Sie helfen mir?"

„Solange ich meinen Job nicht riskiere." Sprockhövel war von der wortkargen Sorte. „Am Gehege zeige ich Ihnen, wo die Kameras nicht hinkommen."

„Ich dachte an den Zaun als, ähm, Zeugenstand."

„Verstehe."

„Und einen von euch brauche ich im Restaurant. Einen mit Frisur und ohne Bart. Nicht schmächtig und nicht zu groß sein sollte er." Ich besah mir Sprockhövel genauer. Eigentlich die Idealbesetzung. Ich erzählte ihm, um was es ging und was er zu tun hatte.

„Das noch, dann ist aber Schluss", sagte er. „Und ohne tänzeln und das Getue."

„Dann ziehen Sie einfach mein Köfferchen.“ Sozusagen als Pomp-Bremse. „Am besten den ganzen Weg.“

„Norbert sagt, wenn alles klappt, ist der Verdacht gegen uns vom Tisch?“

„Die Fans sind danach aus dem Schneider.“ Ich verriet ihm, wer noch alles kommen würde. „Also nicht überrascht sein.“

„Das sollten auch die anderen wissen“, meinte er.

„Das sollten sie. Nur schnell muss es gehen.“

Immer mehr Menschen tauchten auf dem Vorplatz am Zooeingang auf. Ein Männergrüppchen ohne Schals und Fan-Westen, dafür mit einem Gettoblaster auf einem Bollerwagen, wurde mit lautem Johlen begrüßt. Der Bergische Chor der Eindeutschsänger schlug früher als angekündigt auf und verbrüderte sich mit den WSV-Fans. Ich überschlug, wie viele es waren, und kam auf satte achtzig Leutchen. Einerseits gut, denn je mehr Volk da war, desto schwieriger ließ sich ein Angriff auf mich oder meinen Andrea-Darsteller durchführen. Andererseits ließ sich ein Leif Löw in solch einer Menge nicht so einfach ausmachen. Und die Sache abblasen oder aus dem Hinterhalt attackieren und dann abtauchen konnte er auch leichter.

Also weiter im Plan und die Augen offen halten, ob sich jemand in Motorradmontur nähern würde. Oder Gitta Galwas auftauchte, man konnte nie wissen. Oder Emma. Oder, als *worst case* zur absoluten Unzeit, der echte Andrea.

Von Theben war wieder stinkig, als ich ihn anrief. Stinkig und ein wenig hochmütig. Woher ich die Gewissheit nähme, fragte er, dass der dritte Mann, den ich auf der Tannenbergstraße unter der Schwebebahn gesehen hatte, auch wirklich derjenige sei, den ich in einer halben Stunde der Tat überführen wollte. Vielleicht war es jemand anderes? Er habe da eine Art Konkurrenzangebot, sagte er.

„Wie wäre es dann“, schoss ich zurück, „mit ‚immer schön der Reihe nach‘? Erst ich, dann die Konkurrenz.“

„Und wenn es ein ‚Entweder-oder' ist? Wenn die Konkurrenz zur selben Zeit zum Showdown einlädt?"

„Dann ..."

Ich stockte. Leif Löw! Hinter dem Gewimmel der Fans und Chorknaben glänzte seine kohlrabenschwarze Teflonfrisur im Nieselregen. Der Apatsche auf seinem Kriegspfad schlich sich an.

„Dann?", bohrte von Theben.

„Dann schicken Sie Ihren Pseudokrupp zur Konkurrenz. Und sorgen dafür, dass der echte Krupp nichts verpasst, wenn hier gleich die Luzie abgeht. Wir sind nämlich gerade vollzählig und wären so weit."

Ich drückte ihn weg, winkte Sprockhövel zu mir und wir machten uns durch ein Seitentürchen rein in den Tierpark.

„Zehn Minuten haben wir", hechelte der Zoowärter und Rotblau-Fan meines Vertrauens, „dann rückt die Rotte nach."

„Perfekt." Ich zog das Rollköfferchen an einer Orchestermuschel vorbei. In einem Tümpel staksten Flamingos und sahen aus wie Cindy aus Marzahn auf Nulldiät. Ein paar Meter weiter knurrten Wölfe. Wir eilten einen Teerweg herauf, gelangten vor das Restaurant und warteten vor der Tür auf das, was da kam.

Besser, wer da kam. Es dauerte keine drei Minuten, da stapfte Leif Löw den kleinen Anstieg hinauf, auf uns und das *Okavango* zu. Die Hände hielt er in den Taschen eines schwarzen Sommermantels vergraben. Die offenen Schößе flatterten ihm um die Oberschenkel, flogen aber nie weiter auf als bis zu den Hosentaschen.

Löw hielt etwas in den Händen, verbarg es unter den Mantelschößen. Na klasse. Jetzt kam also der kitzlige Teil.

„Achtung, es geht los", grunzte ich zu Sprockhövel. „Lass dein Haar herauf und dreh dich um zu mir!"

Sprockhövel fuhr mit den Fingern durch das Gel in seinem Haar und brachte den Kranz noch aufrechter zum Stehen als ohnehin schon. Ich linste über seine Schulter zu Löw, der uns entdeckt hatte und seinen Schritt beschleunigte. Noch dreißig Meter, fünfundzwanzig, zwanzig. Dann drückte ich meinem Andrea-Darsteller den Rollkoffer in die Hand und wir zockelten ab. Seitlich am Wolfsgehege vorbei, wo eine Wuppertaler Großfamilie stand und nach den Tierchen schaute – zum Glück, denn so gewannen wir fünfzig Meter, ohne dass Löw uns auf die Pelle rücken und die MP zücken konnte.

Ich riskierte einen schnellen Blick auf die Uhr. Die Fans und ihre neuen Freunde, die Eindeutschsänger, mussten sich in diesem Moment auf den Weg machen.

„Keine Sorge." Sprockhövel erriet meine Gedanken. „Den Eintritt habe ich mit der Kollegin an der Kasse geregelt."

Ich daumenhochte. Damit hatten wir einen Vorsprung von zweihundert Metern auf die Rotblauen. Das musste reichen, auch wenn der Abstand auf Löw langsam wieder schrumpfte. Ich spähte nach weiteren Besuchertrauben, die wir ansteuerten, weil der Apatsche uns vor Zeugen wohl kaum in die ewigen Jagdgründe ballern würde. Im Zickzack näherten wir uns der Sambatrasse, vorbei an seelenruhig sich ihre Kauleisten ausrenkenden Dromedaren, glotzenden Bonobos und rotzenden Lamas.

Und Löw immer hinterher.

Der Übergang zum Großgehege auf der anderen Seite der Sambatrasse war der Flaschenhals und der Pfad ins Ungewisse. Hier mussten wir drüber und wussten nicht, ob sich dahinter noch ein paar versprengte Zoobesucher aufhielten.

Auch Sprockhövel war angespannt. Die Knöchel seiner Faust um den Griff des Rollkoffers waren kalkweiß. Angestrengt horchte er und beobachtete, was sich hinter uns tat. Löw erreichte die Brücke, als wir auf der anderen Seite auf das Gehege zuliefen, das von einem hohen Zaun eingefasst war.

Dann, endlich, war es zu hören. Auf der Brücke bekam auch Löw es mit und blieb irritiert stehen.

„Ob vom Ölberg, ob vom Loh! Ob mit Döner hier im Zoo!", spaßliederten die Eindeutschsänger im Chor mit den

Fans. Und zwar laut und immer lauter. Löw war längst herumgefahren und peilte die Lage.

Gefallen konnte sie ihm nicht.

Denn hier rückten achtzig Kerle und Mädels an, die nicht danach aussahen, als wollten sie nur mal eben bei Wilma und Simba vorbeischauen. Sondern wie welche, die hierher gezogen kamen, um ein Abhauen zu stoppen.

Und tatsächlich, keine fünf Sekunden später hockte unser Verfolger selber in der Mausefalle. Die Scouting-Abteilung unter den Fans hatte bemerkt, dass Löw hastig den Rückzug antreten wollte. Sie gaben das Kommando, in breiter Front loszupreschen. Polizeiketten an Stadioneingängen waren Fischreusen dagegen, so dicht drängten sie auf die Brücke und blockierten den Fluchtweg.

Schritt für Schritt rückte ihre Phalanx vor und drängte Löw zu uns vor das Gehege.

„Willkommen in der Manege“, zischelte ich. „Wir sind zwar noch nicht ganz vollzählig, aber wenn Sie schon mal Mantel und Wumme ablegen möchten!“

Leif Löw fuhr herum, sah mir ziemlich erschrocken ins Gesicht und erkannte mich wieder.

„Was soll das?“, stammelte er.

„Der Kerl ist bewaffnet.“ Sprockhövel brüllte es den Seinen zu, die auf drei Meter an Löw herangepirscht waren. „Also Vorsicht beim Filzen!“

Er hatte es kaum ausgesprochen, als ein Muskelprotz namens Popeye aus dem Pulk vorsprang und Löw in den Polizeigriff nahm. Etwas feste tat er das, Löw jaulte auf und eine blitzeblank polierte MP fiel klonkernd auf den Asphalt.

Ich klopfte ein Papiertaschentuch auf, bückte mich nach der Waffe und hob sie auf, als mir vom anderen Ende der Brücke, hinter den Fans, jemand was zubrüllte.

„Bitte machen Sie eine Gasse frei für die Polizei“, hollerte ich als Antwort. Und siehe da, die Fans und Chorsänger hatten ihr Altes Testament gelesen. Das rotblaue Meer teilte sich und Hauptkommissar Krupp von Theben schritt hindurch.

„Dann wollen wir mal.“ Ich reichte Sprockhövel die Waffe, schön vorsichtig mit Taschentuch um den Griff wegen der Fingerabdrücke, und zippte den Rollkoffer auf.

„Keine Dummheiten“, schnarrte Sprockhövel und meinte damit nicht nur Leif Löw, dem Popeye sanft aus dem Mantel geholfen hatte. Sondern auch von Theben. Rechts und links flankiert von entschlossenen Fans, verzog der keine Miene, als ich zuerst den Kopf und dann den Rest des Maskottchens aus dem Koffer puhlte.

Mettmännchen, El Berfeldo und die anderen Fans erinnerten sich und grölten. Auch die Eindeutschsänger reagierten und legten noch mal ihr Lied von der Müngstener Brücke auf, schön im Reggae-Rhythmus.

„Brian – der Lion – is’ am seihen.“ Zwei Takte lang Pause, dann: „Warum – war Brian – am seihen?“

„Gute Frage“, klinkte ich mich ein. „Wollen mal sehen, ob wir da gleich mehr wissen. Herr Löw, können Sie uns weiterhelfen?“

Löw in seinem Klammergriff schaute verächtlich erst mich an, dann Sprockhövel, auf dessen hochgeklebte Mähne er reingefallen war und der gerade seine MP im Rollkoffer verstaute. Sagen tat er nichts.

Sagen tat aber auch Krupp nichts, und intervenieren tat er auch nicht. Was ja theoretisch hätte sein können. Ich nahm das als Zeichen seines Wohlwollens.

„Er tut sich noch schwer, was?“ Sprockhövel sagte das, halblaut zu seinen Kumpels. Löw verachtete uns weiter. Also griff ich nach dem quietschegelben Zottelkostüm und dem Schwellkopp von Brian.

„Ich wünsch mir ’ne kleine Miezekatze“, unterstützte mich der Chor.

Kapitel 12

Von ihrem Felsen beobachteten Wilma und Simba, was der Kerl, der nachmittags das Fleisch bringt, und die anderen Zweibeiner da unten am Zaun veranstalteten. Doll zu interessieren schien es sie nicht. Träge ausgestreckt auf dem glitschigen Stein gähnte Simba, lutschte sich das Gemächt und riss wieder das Maul auf. Wilma bekam es mit, drehte sich weg und starrte indigniert in den verplästerten Mittag.

Dabei waren wir rege und aktiv. Den widerspenstigen Leif Löw hatten wir in das Kostüm gesteckt und dabei unter Beweis stellen müssen, dass ‚zwängen' von ‚Zwang' kommt. Jetzt stand er da, schaute unglücklich drein und sah aus wie eine Promenadenmischung aus der Sesamstraße: wie ein gelbes Krümelmonster oder ein zotteliger Bibo. Den Brian-Kopf verweigerte er, und wir ließen ihn. Schließlich wollten wir klar und deutlich mitbekommen, was unser Riesenkanarienvögelchen zu singen hatte.

Löws Gesang beschränkte sich bei meiner Frage, was das am Vatertag an der Müngstener Brücke für eine Show gewesen sei, auf ein energisches „---". Also drohte ich das erste Mal mit den Artgenossen, die sich über Besuch aus der buckeligen zweibeinigen Verwandtschaft sicher freuten.

„---!"

Eine klare Ansage war das. Als Antwort packte der Muskelmann Löw unter den Plüschachseln und schleifte ihn in den toten Winkel der Zaunkamera. Die anderen Fans wickelten ihre Schals ab und knoteten sie an den Enden zusammen. Wie die Betttücher bei einem Knastausbrecher sah das aus, nur länger und rotblauer. Löw wehrte sich heftig und auch Krupp von Theben wurde fahrig, als Popeye an einem Ende des langen Schalstricks eine Schlaufe band, sie Löw um den Brustkorb legte und hinten zwischen den Schulterblättern anzog.

Wie ein Comic-Raubtier an der Leine sah Leif Löw aus, als er über die niedrige Vorabsperrung gehievt und die Räuberleiter hochgejagt wurde, die ihm ein halbes Dutzend Fans hielten. Knapp vier Meter hoch war der Zaun, Löw wehrte sich mit Händen und Füßen, doch vergeblich. Ein paar Sekunden später hockte er auf dem Übersteigschutz, mit herabbaumelndem gelbem Maskottchen-Schwanz und der langen Leine aus Schals unter sich. Mit beiden Händen klammerte er sich an die Zaunschräge. Die Angst, auf dem schmalen Streifen den Halt zu verlieren und in das Gehege zu fallen, ließ ihn keuchen.

„Schau, wer da kommt." Direkt unter ihm stand ich und sprach hoch zu ihm. „Die Kätzchen interessieren sich für dich."

Tatsächlich kam jetzt Wilma angetrappelt, dicht gefolgt von Simba und einer Handvoll Junglöwen. Was war das, eine Sonderration zur Feier des Tages, weil der Wuppertaler Sportverein den Aufstieg geschafft hatte? Eine Zwischendurch-Mahlzeit hockte auf ihrem Zaun, und zwar kein Aas, sondern Frischfleisch. Nur auswickeln mussten sie es aus der gelben Pelle. Oder war das Futter paniert?

„Ihr Ärsche!" Das Futter verlegte sich aufs Brüllen. Die vierbeinigen Artgenossen fühlten sich nicht angesprochen, die zweibeinigen Artgenossen auf der anderen Seite des Zauns auch nicht. Trotzdem, hier musste bald was passieren, sonst krähte uns der Kerl noch in Schwierigkeiten. Von der Sambatrasse unterhalb der Löwengehege-Enklave hörte man schon empörte Rufe von Passanten, die sein Gebrüll auf sich bezogen.

„Dritter Versuch", hielt ich dagegen. „Müngstener Brücke. Na?"

„Leck mich, Tucke."

Mit der Anspielung auf meinen ledernen Auftritt bei der Premiere im Engelsgarten hatte er die Latte zum dritten Mal gerissen. Dann eben nicht. Dann die harte Tour. Sprockhövel markierte den Zaunkönig und kletterte das Gitter hinauf.

Flopp! Löw rutschte für einen kurzen Moment in den freien Fall und wäre totalabgestürzt, wenn Popeye nicht das Ende der Schalkette mit seinen Eisenpranken festgehalten hätte. Brian Löw baumelte mit dem Rücken gegen den Zaun über den Köpfen der Zoolöwen und sah hilflos aus, sehr hilflos, während sich Wilma für den Maskottchenschwanz interessierte, dessen Ende ihr die Nase kitzelte.

„Hört auf“, brüllte Löw in Panik. „Ich war das!“

„Geht sicher noch genauer“, rief ich, während Popeye an den Schals zog und Löw wie an einem Flaschenzug aus der Gefahrenzone hievte. Simba fletschte die Zähne und Wilmas Tatze schlug ein Luftloch, statt den Plüschschwanz zu treffen.

„Brian kann man für Geburtstage mieten“, haspelte Löw. „Ich hab das unter falschem Namen gemacht.“ Nämlich als Andrea Amerone, ließ er uns wissen. Was wir schon ahnten. Neu war, dass er den jungen Burschen, der im Maskottchen steckte, für die kleine Abweichung von seinen Pflichten als Kinderbespaßer schmierte. Und den armen Werksstudenten letztlich verarschte, denn er machte sich mit dem Kostüm auf und davon und pumpte es mit exakt dem Rasierschaum voll, den auch Andrea für die Schneisen in seinen Frisuren und die exzentrischen Barthaarschnitte verwendete.

„Um Andrea danach in den Foren anzuschwärzen“, kürzte ich Löws Ausführungen ab. „Was nicht wirklich gelang. Die Frage bleibt, warum ausgerechnet ihn?“

Löw ließ sich Zeit mit der Antwort. Popeye musste richtiggehend herablassend werden. Einen halben Meter tiefer gehängt, als die Kätzchen unter ihm wieder zu schnurren und knurren anfingen, machte er seinem Herzen Luft.

Bei *schneise.de*, meinte er, sei Amerone das Kapital. Die Kronjuwelen, auch wenn Dilbert Döpken mit seiner Entrepreneurs-Arroganz das anders sehe und sich selbst für den Genius halte. Nein, Amerone sei die Cash Cow, weil auf ihn und seine Cuts die Kundschaft abfährt. Schmutzige Wäsche zu waschen und ausgerechnet ihn in den Dreck zu ziehen, hieße, der Konkurrenz am wirkungsvollsten einen vor den Latz zu geben. Schließlich lag sein Start-up längst im Hintertreffen und die Zeit lief ihm davon.

„Das Anschwärzen hat aber nicht verfangen, und du hast andere Saiten aufgezogen.“ Löw wich meinem Blick aus, starrte abwechselnd Löcher in den Nieselregen und herunter zu Brians Verwandten. „Als Döpkens Deal mit dem DFB dir den Stecker zu ziehen drohte, bist du auf die Mordsidee in der Schwebebahn gekommen!“

„---.“

„Und hast dein eigenes Faustpfand geopfert, den jungen Kingsley O’Croy.“

Löw blieb stumm. Irgendwie war das ja verständlich. Wer gibt schon gerne vor versammelter Mannschaft zu, dass er vor Mord nicht zurückschreckt. Andererseits konnten wir Löw schlecht von der Leine lassen: nicht vor *dem* Publikum. Nicht vor dem Kripochef und nicht vor den Fans, die vier viel zu lange Tage genau der Tat beschuldigt worden waren, um die es hier ging.

Sprockhövel schwatzte auf das Löwenrudel ein und lockte sie weg vom Zaun, zwanzig Meter weit, fünfzig. Dann ließ Popeye das Fanschalseil durch seine Pranken surren, und Löw landete unsanft mit dem Hintern im Matsch. Eine Sekunde lang war er perplex, kam ausgestreckt auf dem Kreuz zu liegen und saute Brians Rückansicht von den Füßen bis zum Hals ein. Wilma und ihren Artgenossen entging das nicht. Die Raubkatzen kamen zurückgejagt. Löw fuchtelte mit den Armen, mühte sich in die Senkrechte und klammerte sich an die Gitterstäbe. Popeye zog die Leine an, als Simba fauchte und brüllte: als Boss der Bande gebührte ihm der erste Happen.

Simbas Pranken entkam Löw nur knapp. Durch Popeyes Zug plötzlich wieselflink, schnellte er die Gitterstäbe herauf und kam unter der Zaunkrone zu hängen, die Arme ausgestreckt wie ein falschherum ans Kreuz genagelter Heiland, die Schuhspitzen in die engen Maschen des Zaungitters gequetscht. Er keuchte und rang nach Luft. Unter ihm brüllte sich Simba in Rage, verärgert über die erneute Verarsche und darüber, dass ihm der Matsch von Brians Rücken in die Mähne tropfte. Den dreckigen Kerl da oben wollte er reißen: hier und jetzt. Seine Wut verlieh ihm noch mehr Kraft als ohnehin schon, er sprang das Gitter hoch, tatzte nach der Beute und erwischte Löw am Fuß, so dass der um ein Haar das Gleichgewicht verlor.

Zum Glück reagierte der Scheibenreiter der Eindeutschsänger.

„Miezekatze“, schrie er Simba an und wühlte in seinem Gettoblaster nach der passenden Karaoke. „Miezekatze, das ist gar nicht Jesus. Und falsch herum hängen tut er auch!“ Dann zu den Seinen: „Auf geht's, Chorknaben. Eine Runde *SitSpo*!“

Die Burschen ließen sich das nicht zweimal sagen. Kaum hörten sie die Musik, schürzten sie die Lippen und pfiffen mit.

Immer guck auf die Hellseite vom Leif!

Verdutzt horchte Simba. Das Pfeifen kannte er, den Text noch nicht. Geschweige denn, was die Chorstimmen ihm bedeuten wollten. Er schüttelte seine Mähne – und ließ sich tatsächlich einlullen von der ständigen Wiederholung des Gepfeifes, in das auch die Fans einstiegen.

Immer guck auf die Hellseite vom Leif!

„Leif Löw, ich baue dir eine Brücke“, setzte ich dazwischen. „In der Mordsache O'Croy liegt längst mehr auf dem Tisch, als du ahnst. Er hatte jede Menge Haarwuchsmittel aufgetragen, als er gegen die Stationskante klatschte.“

„Haarwuchsmittel, soso.“ Löw redete wieder, und wenn seine Hände frei gewesen wären, hätte er abgewunken.

„Ein Haarwuchsmittel, das er von dir hatte. Von dir über Gitta Galwas und womöglich, damit es kein krummes Geschäft wurde, über eine Patientin, die sich das Zeug legal verschreiben lassen konnte." Löw zeigte keine Regung, ich hörte nur das Dauerschleife-Gepfeife der Fans. „Kingsley hatte sich längst zu dir und deinem Start-up orientiert, als ihr beide zum Mai-Empfang von *HairCare* unterwegs wart. Du in zivil und er im Maskottchen-Kostüm, das du vorher besorgt hattest."

Wieder verfiel Löw in tiefes, totes Schweigen. No life in Brian, also: no more *Life of Brian*.

Ich gab ein Zeichen und das Gepfeife der Fans und Chorsänger hörte auf. Simba holte das sofort aus seiner kleinen Trance. Er widmete sich wieder dem Futter, das zweieinhalb Meter über ihm am Zaun hing.

Auf Löw machte bereits der erste Katzensprung Eindruck. Der zweite war noch besser. Simbas Kralle streifte Löws Wade und riss einen Fetzen aus dem Zottelstoff. Momente später färbte sich Brians gelber Hinterlauf rot. Löw blutete.

„Ich wollte sie überraschen", schrie er plötzlich und reaktivierte so das melodische Gepfeife der Fans. Sofort war Simba wieder kusch.

„Überraschen? Wen?"

Die Offiziellen von Bayer Leverkusen, erfuhren wir: die Herren Leidersehr und Rudolf Völlig. Ein Gag sollte es werden, ein symbolischer. Kingsley O'Croy, wie er sich aus der Wuppertaler Haut, dem Pröppi-Fell schälte, um fortan für die Werkself in der Bundesliga anzutreten. An seiner Seite er, Löw, der sich als Kopfhaar-Wiederaufforstungs-Experte gerieren konnte und damit den Bayer-Offiziellen schöne Augen machte.

„Und dann schließt sich an der Haltestelle Ohligsmühle die Schwebebahntür und der Schwanz hängt dazwischen. Kingsley steht in der Bahn und kann sich nicht bewegen. Jedenfalls nicht weit genug. Ich drücke den Notfallknopf, der Fahrer öffnet die Tür wieder, ich springe raus und will zu ihm nach vorne, alles erklären. Also ich den Bahnsteig entlang. Kingsley stolpert mir in Panik hinterher, sein Schwanz noch immer eingeklemmt, er stolpert auf den Bahnsteig. In dem

Moment schließt sich die Tür und die Bahn fährt an. Kingsley schleift es an mir vorbei, ich springe zur Seite, dann fällt er an der vorderen Kante herunter ins Leere."

„Reaktionsschnell bist du ja", sagte ich zu seiner Räuberpistole. „Und Fantasie hast du auch. Das klitzekleine Fehlerchen, das dir in der Eile unterlaufen ist, ist die Sache mit dem außen rum. Nach vorne zum Fahrer hättest du auch *in* der Bahn gelangen können."

Löws Mundwinkel zuckten.

„Mein Bein!", schrie er. „Wollt ihr mich verbluten lassen?"

„Wir wollen, dass du die Wahrheit sagst. An der Ohligsmühle hast du dafür gesorgt, das Kingsley auf den Bahnsteig stolpert, mit eingeklemmtem Pröppi-Schwanz. Du selbst springst im letzten Moment aus dem Waggon, über Kingsley hinweg, die Schwebebahn fährt an und du schaust deinem besten Pferd im Stall hinterher, wie es mitgeschleift wird und zwei Sekunden später mit dem Kopf nach unten über der Wupper baumelt. Dir wird ein bisschen wehmütig ums Herz, aber dann besinnst du dich. Kingsley musste geopfert werden. Jetzt galt es, Andrea Amerone die Sache in die Schuhe zu schieben."

„Mein Bein." Löw schrie nicht mehr, er lamentierte. Was für ein erbärmlicher Jammerlappen. Ich hatte ihn am Schlafittchen und er heulte rum.

„War es so?"

„Zieht mich hier raus", barmte er. „Jaa, es war so. Das ist doch, was ihr hören wollt! Holt mich hier raus!"

„Dann weiter im Text." Ich dachte nicht daran, ihn vom Haken zu lassen. „Dein Plan geht zunächst auf. Die ganze Stadt ist geschockt, es gibt am Tag drauf nur ein Gesprächsthema, in der Fan-Szene munkelt man am lautesten über den Modefriseur, der Kingsley aus Eifersucht in den Tod geschubst hat. Andrea taucht am selben Abend im Theater im Engelsgarten auf, was dich ziemlich überrascht. Nur: Was solltest du machen? Die Polizei rufen? In deren Ermittlungen konntest du dich nicht einmischen, jedenfalls nicht direkt, schließlich wusstest du nicht hundertprozentig, ob Herr von Theben und sein eifriger Aushilfskommissar schon hinter Andrea her waren. Also hast du stillgehalten. Dann taucht Andrea ab und macht sich dadurch erst recht verdächtig. Die Kripo springt endlich an – bis er kurz darauf reumütig im Polizeipräsidium auftaucht und ein lupenreines Alibi auftischt. Du reagierst, indem du dein Moped aus der Garage holst und ihn totzufahren versuchst. Im Nachhinein etwas kopflos, die Aktion, aber dir steht das Wasser bis zum Hals. Dann der Einbruch in Andreas Trendbüro am Mittwoch, wo du einen Stapel Papp-Amerones zu Konfetti zerschießt.“ Ich legte eine Pause ein. „Löw, ich höre!“

„Was willst du *noch* von mir?“, jaulte er. „Ich halte es nicht mehr aus!“

„Herr Kommissar“, sprach ich zu von Theben, „das Attentat auf die Pappkameraden wollte ich Ihnen nicht vorenthalten. Der Vollständigkeit halber. Ebenso der Versuch, Andrea Amerone hier im Zoo abzuknallen. Sie haben’s mitgekriegt, die Knarre haben wir sichergestellt.“

„Ich bin beeindruckt“, knurrte Krupp zurück. „Beeindruckt und angewidert von dem, was Sie hier veranstalten.“

„Mag ja sein“, ich zuckte mit den Schultern. „Bloß, was soll ich machen? Das hier ging nur auf eigene Faust.“

„Sie und Ihre eigene Faust“, lachte er hämisch. „Schon mal dran gedacht, dass ich Sie festsetzen könnte?“

„Schon mal dran gedacht, dass der Zaunkönig da oben mit einem von Ihren Leuten unter einer Decke steckt?“

Ich verklickerte ihm, was ich meinte. Andrea hatte nach dem Nachweis seines Alibis das Polizeipräsidium kaum verlassen, als ihn Löw mit dem Motorrad attackierte. Krupp von Theben ließ das kalt.

„Ein Mordzeuge, der unsere Ermittlungen behindert“, zählte er mich an. „Der tagelang einem dringend Tatverdächtigen hilft, sich zu verstecken und uns sein Alibi vorzuenthalten. Der sich Informationen verschafft, die vor keinem Gericht der Welt bestehen. Der sich meinen Job anmaßt. Der mit einer erbärmlichen Show ein Geständnis erpressen will." Sein Zeigefinger bohrte sich in meine Richtung. „Der bei all dem hier eine ganz komische Rolle spielt!"

Schweigen. Diesmal von mir. Wenn man's genauer besah, war da was dran.

„Ohne Klaus Vogel würden Sie noch immer im Dunkeln tappen." Über das Gepfeife der Fans und Löws Gejammere erhob sich die Stimme. Sie kam von ganz hinten, aus der letzten Reihe. „Meine Jungs blieben eingebuchtet, nichts würde sich tun. Bis dass wir Ihnen die Rechnung präsentieren, und auf der steht: Dienstaufsichtsbeschwerde wegen unterlassenen Eingreifens bei erdrückender Beweislage. Mindestens!"

An den Kuttenträgern vorbei schob sich der Mann, dem die Stimme gehörte, nach vorne und stellte sich neben mich.

„Herr Kollege", sprach er, „schön, dass wir uns persönlich kennenlernen."

„Sehr gutes Timing, Norbert", raunte ich zurück.

„Also, Herr Kommissar", hielt er sich nicht lange auf: „Deal or no deal?"

Von Thebens Kiefer walkten, die Wangenmuskeln ließen seinen Kinnbart Gesichtsrumba tanzen. Verärgert über Norberts Grätsche, die seinen Konter gegen mich vereitelte, warf er die Stirn in Falten.

„Holt den Kerl da runter", grummelte er. „Ich nehme ihn fest." Er sah mir direkt ins Gesicht. Man sieht sich immer dreimal im Leben, sagte sein Blick. Mit dir bin ich noch nicht fertig. „Ich nehme ihn *vorläufig* fest."

Wilma und ihre Buben schauten bedröppelt zu, wie der gelbe Köder mit dem schwarzen Deckel und dem roten Rinnsal an der Tatze nach oben gezogen wurde und mit letzter Kraft die Zaunkrone erreichte. Wieder hielten ihm ein paar

Kuttenträger eine Räuberleiter, Popeye nahm Löw die Leine ab und entknotete die Schals. Das Life-of-Brian-Gepfeife verstummte, als Löw erschöpft auf den Asphalt sank und keinen Pieps mehr sagte.

Zoowärter Sprockhövel taten die Tiere leid und er beschloss, einen Teil der täglichen Fütterung vorzuziehen. Mit triefenden Keulenstücken vom toten Schaf kam er an und warf sie über den Zaun. Simba schnappte sich den ersten Happen, dann bedienten sich die anderen. Zufrieden knirschten sie sich durch die Knochen, grunzten und fauchten.

„Ein Festmahl, was?" Mettmännchen stupste den Scheibenreiter in die Seite.

Ich ging vor Löw in die Knie, besah mir die Wunde und bat einen der Fans, mir seinen Schal zu opfern. Bis Krupp von Theben ihn abführte, musste es ein provisorischer Druckverband tun.

„Ein Lied, zwo, drei, vier!", brüllte El Berfeldo.

„Ein passendes", schrie der Scheibenreiter. „Los Jungs, seid spontan!"

Die Löwen lauschten entzückt und Leif Löw schaute verbiestert ins Nirgendwo, als einer aus dem Chor loslegte.

Alle Löwen feiern, sang er,
Alle Löwen feiern –
Nur nicht der im Brian-Lion!

Die anderen stiegen mit ein: Fans, Chorknaben, sogar Norbert.

Alle Löwen feiern, alle Löwen feiern,
nur nicht der im Brian-Lion!

„Apropos Feiern und apropos Löwen!" Mettmännchen war es, der zum Aufbruch blies. „Noch eine Stunde bis Anpfiff."

„Scha-la-la-la-laaa!"

„Dann wollen wir mal." Vor dem Zoo verabschiedete sich Norbert. „Was bist du so nachdenklich? Hat doch alles gut geklappt. Und jeder hat mit angepackt."

Ich sah von Theben hinterher, der den hinkenden Leif Löw dezent am Unterarm gegriffen hielt und durch die Pulks erwartungsfroher Stadionbesucher schob. Die MP, die Sprockhövel ihm zugesteckt hatte, trug er entsichert unter dem Mantel.

„Das ist es ja gerade“, sagte ich. „Auch von Theben, mich!“

„Das muss ich jetzt nicht verstehen, oder?“

Ich sah ihn an.

„Auch von Theben hat mit angepackt. Mich hat er angepackt. Mich hat das, was er gesagt hat, angepackt.“

„Das mit deiner Einmischerei? Von wegen, auf eigene Faust? Oder meinst du die Nummer mit den Löwen? War doch schön. Und für meine Jungs sicher unvergesslich. Also mach dir keinen Kopp!“

Und ob ich mir einen Kopp machte. Vor allem eins ließ mich nicht los: dass ich im Fall Kingsley O’Croy eine Rolle spielte. Noch dazu, laut von Theben, eine ganz komische.

Kapitel 13

Der Funke kroch vom Stadion stadtaufwärts, als sei die Wupper eine Zündschnur. Elberfeld explodierte zuerst, dann Barmen. Nach dem Schlusspfiff gab es kein Halten mehr und ein rotblauer Urschrei tönte durch den Zoo, dass Wilma und ihre Löwenmännchen dachten, sie wären ausgewildert worden.

3:0 zum Saisonausklang, zweimal Ercan, einmal der Manno-Mann! Meister der Oberliga Niederrhein! Im nächsten Jahr musste die Regionalliga dran glauben. Nur noch eine Klasse weg vom Profifußball und damit von dort, wo der Wuppertaler SV hingehört, natürlich. Wohin sonst?

Ich kriegte von dem Rummel und der überschäumenden Freude nicht viel mit. Mit dem Rollkoffer im Schlepptau schlängelte ich mich durchs Tal, stieg an der Loher Brücke aus und packte bei Sergej den Brian auf den Tisch.

Was Andrea mache, wollte ich wissen. Sergej verstaute den Koffer und reichte mir den Karton, in dem Deniz ihm das Maskottchen-Kostüm zugestellt hatte.

„Bei Prinz Dick ist alles wie immer", bekam ich zu hören, „er ist sogar stellenweise grün gestimmt, neben den üblichen rosaroten Pfingstrosen."

„Grün gestimmt?"

„Den Dreitageschnäuzer hat er sich gefärbt, als er hörte, dass ‚Oberlippenbart' auf Tok Pisin ‚gras bilong maus' heißt. Gras über dem Mund."

„Tok Pisin?"

„Eine Mischsprache aus der Südsee. Die Frisuren der Melanesier und Mikronesier haben es ihm schon länger angetan."

„Er ist zurück in der Luisenstraße?"

„Seit heute Mittag. Hat sich direkt wieder in die Arbeit gestürzt."

Andrea, der High-Noon-Schufter. Wenn seine Rückkehr ins Trendbüro keine Parallelaktion war, fraß ich einen Besen. Und eine riskante dazu. Schließlich war sein Peiniger um die Zeit noch frei herumgelaufen und hatte Jagd auf ihn gemacht, mit der Wumme unterm Mantel und dem Messer zwischen den Zähnen.

„Grüß ihn von mir“, sagte ich und machte mich aus dem Staub. Der Nieselregen hatte aufgehört, ich schlurfte zum nächsten Paketshop und gab den Karton als Mitarbeiterzustellung auf. Deniz würde sich der Sache annehmen und den entlaufenen Brian heim in sein Katzenkörbchen liefern lassen, nach Leverkusen zu Bayer 04.

In der Schwebebahn zurück zum Hauptbahnhof versuchte ich, Abstand zu gewinnen. Von Thebens Tirade schwirrte mir immer noch durch den Kopf. Es gelang mir nicht, aus seinen Vorwürfen gegen mich einen vernünftigen Schluss zu ziehen. Natürlich war es unüblich und am Rande der Legalität, wie ich mir beim alten O'Croy, bei der Galwas und vorher bei Pseudokrupp auf dem Polizeipräsidium Informationen verschafft hatte. Und klar war es wenig fein, Löw vor erlesenem Publikum und einem Rudel hungriger Löwen bloßzustellen und auszuhorchen. Andererseits, genau so hatte er es verdient. Und genau so war ich vorher auch an die Sachen rangegangen, vor zwanzig Jahren beim 1. FC Köln schon, und letztes Jahr in Darmstadt wieder. Beide Male mit dem Ergebnis, dass am Ende alles Notwendige da war: ein lückenloser Nachweis, einwandfreie Beweise und weich gekochte Tatverdächtige – den Rest hatten Kripo und Staatsanwaltschaft zu erledigen. Wenn sie denn wollten.

Du hast eine komische Rolle gespielt, hallte von Thebens Satz in mir nach.

Ich zückte mein Smartphone und ging ins Internet. Die *wz-newsline* tickerte heiß und fettig, dass man sich bei den Anhängern des Wuppertaler SV jetzt doppelt freue. Natürlich über den Auftrieg, aber auch über die Entlassung der letzten noch festgehaltenen Fans. Das Polizeipräsidium hat sie im Zusammenhang mit dem Mord an Kinglsey O'Croy auf freien Fuß gesetzt, der Verdacht gegen sie habe sich nicht erhärtet. Ganz im Gegenteil, es liege ein dringender Tatverdacht gegen eine andere Person vor.

Wenigstens das hatte geklappt. Norbert würde es freuen, genauso wie den Mordzeugen und seine Mutti, die süße Frau Neger-Oßman.

Den Gedanken an Ozzys Mom verdrängte der an Emma. Warum auch immer das so war. Ich hatte Emma versprochen anzurufen, wenn feststand, wie meine Hauruck-Aktion ausgegangen war, bei der sie eine kleine Nebenrolle spielte. Das heißt, *vielleicht* spielte. Als Tropfen und Träne, die das Fass der Vorhaltungen gegen Löw zum Überlaufen brachten.

Im Gewimmel an der Station Hauptbahnhof überwand ich mich. Lust hatte ich wenig, aber versprochen war versprochen. Ich wischte mich durch die Anrufe der letzten Zeit, fand ihre Nummer und ließ meinen Daumen gerade auf die Wähltaste sinken, als es dreimal klopfte und vibrierte.

Ich verschob den Anruf, las die Nachricht und öffnete Sekunden später den Anhang.

Aus: ***Life of Dilbert***
Für einen Entrepreneur geziemt es sich, Geheimnisse für sich zu behalten. Frische Geschäftsideen oder die Zukunftsstrategien bestehender Firmen, Konsortien und Kartelle hält man unter Verschluss.

Eine Ausnahme sind die eigenen Lebenserinnerungen. Hier gehören auch Verschlusssachen auf den Tisch. Vor allem solche, die den Bereich der ***Corporate Responsibility*** *streifen oder die Prinzipien einer Unternehmensethik berühren, auf die man auch im digitalen Zeitalter des* ***E-Commerce*** *verpflichtet bleibt. [...]*

Weiter oben, als es um die brisanten Ereignisse, um die Zangengeburt von **schneise.de** *als Businesspartner der Fußballliga und des nationalen Fußballverbands ging, war schon einmal die Rede davon. Meinem Kompagnon und mir waren die Hände gebunden, hieß es über die Zeit vor, während und kurz nach den Angriffen auf Amerone. Ungeduldig und mit keinem angenehmen Gefühl warteten wir auf den Durchbruch, schrieb ich.*

Es sollte noch einmal zwei Tage dauern, bis es zu diesem Durchbruch kam. Bis unser Rivale die Segel streichen musste und er überführt wurde als derjenige, der hinter den Gewalttaten steckte.

Nur, warum schrieb und schreibe ich jetzt erneut von den Händen, die uns gebunden waren? Was wussten wir, ohne dass uns die Möglichkeit gegeben war, selbst einzugreifen?

Ich darf es offenbaren. Und mir mit dieser Offenbarung eine Last vom Herzen nehmen. [...]

Dass unser Rivale nervös wurde, war uns seit Längerem bekannt. Dass er zu unfeinen Tricks greifen würde, wussten wir hingegen nicht. Das Spektakel mit dem Löwenkostüm an der Müngstener Brücke überraschte uns. Sofort war klar, dass es auf Amerone gemünzt war, dass dieser in den Sozialen Medien als Strippenzieher genannt und damit kompromittiert werden sollte. Wir hegten keinen Zweifel, wer dahintersteckte, weil es zu einer Zeit geschah, als Leif Löw nicht mehr das Heft des Handelns in der Hand hielt. Das erste unserer **In-Arena-Haircut-Events** *in Köln, an dem Andrea Amerone als Starfriseur persönlich teilgenommen hatte, war ein gigantischer Erfolg, der auch Löw nicht entgangen war. Die Gegenprobe mit dem zweiten Event in Düsseldorf, die ohne Amerone stattfand und im Wesentlichen das ‚Matte auf Platte'-Konzept simulieren sollte, stand kurz bevor. Auch von diesem Event wusste der Konkurrent und wird zweierlei geahnt haben. Erstens, dass es in puncto Erfolg nicht mit dem*

Kühler Vergleichs-Event mithalten konnte. Zweitens, dass wir nicht zögern würden, dieses für ihn ernüchternde Ergebnis sofort umzumünzen in unser Top-Argument bei den Verhandlungen mit dem Fußballverband.

Meinen Konkurrenten setzte das unter Druck, und unter Druck reagiert auch der gelassenste Entrepreneur nicht mehr mit kühlem Kopf. Löw drehte durch und legte nach dem ersten Übertreten der roten Linie auf der Müngstener Brücke alle Hemmungen ab. Er war bereit, ein Kapitalverbrechen zu begehen. Ob Löw die neue Qualität seines Tuns begriffen hatte, muss dahingestellt bleiben.

In dieser Lage standen zwei Dinge für mich fest. Erstens, und hier lag ich falsch, dass sich der Furor meines Rivalen nun direkt, unmittelbar auf meinen Kompagnon richten würde. Kein Spielchen mehr über die Bande wie bei der Nummer mit dem Maskottchen voller Rasierschaum und den Beschuldigungen im Internet, sondern ein Angriff auf Amerones Leib und Leben. Und das sehr bald, in den nächsten Stunden, höchstens Tagen. Zweitens musste ich den Termin in Frankfurt wahrnehmen: um alles in der Welt, eine Absage kam nicht in Frage.

Natürlich hätte ich Amerone mitnehmen können zu den Gesprächen mit den Verantwortlichen von DFL und DFB. Auf die Weise wäre er weg gewesen von der Bildfläche, heraus aus der Gefahrenzone. Er wäre als Zielscheibe verschwunden. Genau darüber habe ich einen Moment lang nachgedacht. Dann noch einen Moment, und noch einen, und plötzlich sah ich die Dinge anders.

Amerone, die Zielscheibe: wieso nicht? Wieso ihn aus Wuppertal abziehen und mit nach Frankfurt nehmen? Wieso, eigentlich? [...]

In meinem Haus ließ ich Amerone wissen, dass ich mich alleine aufmachen und ihn in Wuppertal als Stallwache zurücklassen würde. Er war unsicher und tapfer zugleich. Der

Mensch denkt und Gott lenkt, beruhigte ich ihn mit der wertvollsten Weisheit aus dem Zitatenschatz meines Vaters Humbert. Das stach. In Amerone siegte die Tapferkeit über die Furcht.

Mit mir geschah dasselbe. Natürlich würde es auf mich und mein Gewissen zurückfallen, wenn ihm jetzt etwas zustieß. Mehr noch, ich rechnete geradezu damit, dass etwas geschah. Doch unsereins denkt, sprach ich auch mir Mut zu, und Gott lenkt. Ich stieg in den Wagen und fuhr los, um nicht zu spät in Frankfurt anzukommen und am nächsten Morgen ausgeschlafen den SPM-Director der Fußballliga zu treffen. [...]

Eine unsichtbare Hand lenkt den Markt, lautet einer der hehren Grundsätze der Ökonomie, zu denen auch, und erst recht, wir Entrepreneure des digitalen Zeitalters uns bekennen.

Eine andere unsichtbare Hand lenkt die Geschicke der Gauner und Gelegenheitsverbrecher. Und sie tut dies öfter, als es uns allen recht und geheuer sein kann.

So ahnte zum damaligen Zeitpunkt jeder, der in der Metropole an der Wupper einen Funken Verstand besaß, dass unser Rivale seine ganz speziellen und besonders engen Verbindungen ins Polizeipräsidium unterhielt. Nicht zu Hauptkommissar von Theben, wohlgemerkt, oder zu irgendjemand anderem aus seinem Zuständigkeitsbereich. Aber sehr wohl zu einer Person X, die zum Beispiel flink reagierte, als Amerone persönlich bei der Behörde vorstellig wurde und den Verdacht gegen sich entkräftete. Keine Stunde verging, bis er um Haaresbreite von Löws Motorrad überrollt worden wäre.

Diese unsichtbare Hand hätte Amerone – und damit mir – beinahe das Genick gebrochen. Zum Glück gab es noch eine andere unsichtbare Hand. Eine dritte. Der Mensch denkt, Gott lenkt. [...]

Die göttliche Instanz, die über allem thront, schaltete sich noch am Mordabend ein. Sie sorgte dafür, dass Amerone einen Schutzengel haben. Einen Schutzengel und zugleich einen unerschütterlichen Streiter für Wahrheit und Gerechtigkeit. Einer, der die Wahrheit suchte und damit unsere kleine Wuppertaler Welt ein wenig gerechter werden ließ.

LABERTHIER! Wenn ich dich zu packen kriege!

‚*Einer, der die Wahrheit suchte*' – weißt du, wo du dir deine Wahrheit hinlöten kannst??

‚*Unsere kleine Wuppertaler Welt*' – und die gleich mit!!!

‚*Ein wenig gerechter*' – du hast doch nicht mehr alle Briketts im Sack. Du kriegst von mir gerechter!!!

[...] Vogel geriet rasch in ein Dilemma. Seine Undercover-Ermittlungen und die Aufgabe, ein wachsames Auge auf Amerone zu haben, ließen sich nicht immer in Einklang bringen. Außerdem verleitete mein Kompagnon ihn immer wieder aufs Neue, seine Aufgabe als Personenschützer zu vernachlässigen.

Am Abend nach dem Mord an O'Croy kam es zu der wahrscheinlich größten Nachlässigkeit. Statt ihn komplett aus der Öffentlichkeit zu nehmen, begleitete er Amerone in das Theater am Engelsgarten, wo sie auf Löw trafen. Die Begegnung mag reiner Zufall gewesen sein – zweifellos hat sie Löw zum Wechsel seiner Taktik veranlasst. Er erkannte, dass sein Maulwurf bei der Polizei es nicht schaffte, die Verantwortlichen vom Verdacht gegen Amerone zu überzeugen. Denn eine steckbriefliche Fahndung war offenkundig nicht ausgegeben worden. Wie sonst konnte Amerone im allerauffälligsten Fummel durch Wuppertal stolzieren?

Dennoch konnte man Vogel keine großen Vorwürfe machen. Im Gegenteil, man musste ihm helfen und ihn unterstützen. Die spontanen Wechsel des Aufenthaltsortes Amerones, der erste noch in der Nacht nach dem Theaterbesuch, gehörten dazu. Von seiner Schutzengel-Aufgabe zwar nicht gänz-

lich entbunden, aber doch von ihr entlastet, leistete Vogel hervorragende Arbeit.

Hervorragende ***und unabdingbare*** *Arbeit, auf die insbesondere ich nicht verzichten konnte. Denn der Kriminalpolizei war nach wie vor nicht zu trauen. Die Suche nach der Wahrheit und die Überführung Löws nahm besser jemand anderes in die Hand. Eben jener Vogel. [...]*

Nun ist es heraus, ich habe mich offenbart. Die Last, die mein Unternehmerherz seither beschwert, sie wird bleiben. Doch verschaffe ich mir Erleichterung, indem ich es hier an dieser Stelle bekenne.

JA, DANKE AUCH.

Da ist sie aber froh, diese Superschmierwurst. Diese größte Knallcharge von allen, die mir in den Jahren als Hauptfigur von Herrn Arschkrampe untergekommen sind!

Wenn ich den Schmierfink in die Finger kriege! Diesen C-Schriftsteller, diesen Kolportage-Heini, diese Null-Sterne-Nummer, diesen Klamotten-Kritzler, diesen Krimitöter!

Ich hockte vor dem Hauptbahnhof und japste nach Luft. Wie das gute alte HB-Männchen nach einem Tobsuchtsanfall in einem Special-Interest-Werbeclip für Anonyme Nikotinsüchtige.

Japs japs japs.

Dann klinkte sich wieder die Welt ein, in der ich lebte, und ich beruhigte mich. Wer wird denn gleich in die Luft gehen?

Ich schnorrte mir von einem Pfandpiraten eine Zigarette. Tatsächlich. Ich! Von einem armen Teufel, der sich sein Dasein aufhübschte, indem er Leergut sammelte! Seit vier Jahren hatte ich keine Fluppe mehr im Mund gehabt.

„Gute Beute heute?“ Ich beugte mich vor, um sie mir anzünden zu lassen.

„Meinetwegen kann der WSV jedes Jahr aufsteigen“, brummte der Pfandpirat.

„Dann wäre er 2030 wieder in der Bundesliga.“ Ich nahm einen tiefen Zug. „Und du wärst reich und ich könnte behaupten, dass ich deinen ersten Schritt hautnah mitgekriegt habe.“

Wenigstens das, wo ich gerade eine Woche lang nach Strich und Faden veräppelt worden war.

Das Nikotin kletterte mir in den Schädel. Ich ließ es geschehen und sah mir die Welt durch dicke Rauschwaden an, die meine Nasenlöcher in die Welt bliesen.

Komm, fahr runter, las ich in dem Rauch. Fahr runter und lass es gut sein, wie es ist.

Du wolltest Emma anrufen, meckerte mein Gewissen.

Na und, meckerte ich zurück. Wozu das noch?

War das nicht längst entbehrlich?

Die entbehrlichen Kapitel

Kapitel 14, oder: Emmas Story

Das Gebimmel meines Smartphones riss mich aus den Gedanken und die Entbehrliche selbst rief an: Emma.

Aha. Laberthier machte einen auf sorgfältig und vernähte die letzten losen Fäden.

„Euren Komplizen hätten beinahe die Löwen gefressen", blaffte ich ihr entgegen. „Dann ging doch noch der Kommissar um und hat ihn mitgenommen."

„Pass auf, Klaus", keifte sie zurück. „Ich bin ab-so-lut nicht in der Stimmung für blöde Sprüche." Kunst- und Atempause. „Nicht nach dem, was mir dein Herr und Daseinsmeister mitsamt seiner Zimtzicke von Schwester gerade verklickert haben."

Das klang energisch und entschieden. Auch, zugegeben, entschieden rätselhaft. Ich stand auf dem Schlauch.

„Emma Ernenputsch, ich stehe etwas auf dem Schlauch."

„Dann komm da runter und beweg deinen Arsch ins *Katzengold*. Ich bin durch mit den beiden, jetzt bist du dran."

„Ich dran?"

„Spreche ich Ruhrpott? *Kat-zen-gold*! Und mach dich auf die totale Verarsche gefasst." Sie schnappte nach Luft. „Wir hatten euren Döpken komplett bei den Murmeln, mit Verhaftung und allem. Und dann das."

Euren Döpken? Verhaftung? Hä!?

„Hä!?"

„Mach dich da hin, und hör's dir selbst an."

„Bruno ist strullen", perlte es aus dem Mund von Beate Laberthier. An der Theke stand sie und musterte mich. „Übrigens hatte ich mir Sie ganz anders vorgestellt."

„Ich mir Sie auch. Bis vorgestern im Freibad hatte ich gedacht, der Laberthier hat wenigstens eine süße Schwester."

„Naja", zögerte sie, „mir ging's nicht anders. Ich dachte immer, Bruno kann Figuren. Auch äußerlich, meine ich."

„Was seid ihr zwei bloß für Giftspritzen!" Laberthier sagte das. Vom Klo in der Wuppertaler Unterwelt war er zurückgekehrt und klopfte mir auf die Schulter. „Besteht doch gar kein Anlass ..."

„*Und ob der besteht!*", spritzte ich Gift nach. „Wenn ich könnte, würde ich mich auf der Stelle scheiden lassen!"

„Und dir einen neuen Daseinsvorgesetzten suchen", nickte Laberthier und orderte zwei Wicküler. „Kann ich auch verstehen. Geht nur nicht."

„Dein Vogel hat sich ja noch weniger im Griff", meckerte Beate Laberthier auf dem Weg zu exakt dem Wirtshaustisch, an dem ich vor acht Tagen mit Laberthier gehockt und den Patenonkel-Auftrag für Andrea übergebraten bekommen hatte.

‚Noch weniger': damit meinte sie Emma, die die Laberthiers vor mir abgefertigt hatten. Auf dem Tisch stapelten sich wieder Papierstöße. Ich erkannte die Komplettfassung von *Life of Dilbert* wieder, aus der mir Laberthier Auszüge aufs Smartphone geschickt hatte. Dazu das Manuskript von *Alle Löwen feiern ...* und ein Ausdruck, knappe einhundert Seiten dick, mit dem Titel *Life of Leif.*

„Das Leben des Löw", meinte Laberthier. „Gehört zur anderen Laberthier-Version."

„---?"

Laberthier daumte auf seine Schwester.

„*Life of Leif* gehört zu ihrer Version der Ereignisse der letzten Tage", sagte er.

Das Wicküler kam, ein wenig früh für ein Pils und doch genau richtig, um mich abzulenken und zu sortieren.

„Und jetzt mal schön der Reihe nach", bat ich.

„Da! Dein One-Trick-Pony!" Die Laberthier wurde gehässig. Ihr Bruder wischte den Einwurf beiseite.

„Vogel, mit ein bisschen Kombi kommst du von selbst drauf.“ Er prostete mir zu. „Denk mal nach, was hat Emma dir vorhin zugeraunt?“

Dass sie Döpken fast bei den Murmeln hatte. Verhaftung inklusive.

„Emma Ernenputsch ist die Heldin in meinem Buch“, las Beate L. meine Gedanken. „Ein Buch, das von derselben Bluttat handelt und in dem dieselben Figuren vorkommen wie in Brunos Krimi-Klamotte.“

„Nenn es das Spiel eines schreibenden Geschwisterpaares, dem die Zeit lang geworden ist“, ergänzte das Laberthier-Brüderchen.

Ich fuhr hoch in den Stand, verlor umgehend das Gleichgewicht und taumelte zurück in den Stuhl. Betäubt und vollkommen willenlos hing ich zwischen den Lehnen und fühlte mich nur noch eines: ohnmächtig.

„Tja, ja ja.“ Ich hörte, wie Beate Laberthier sprach. Verstand, was sie sagte. Begriff bloß die Bedeutung nicht. Also fabrizierten die beiden Räuberleitern für mich. Am Ende dämmerte mir, dass das Lösen der Krimiknoten in Frauchens Erzählung der Variante ihres Bruders zwar komplett entgegenstand, aber genauso schlüssig war wie die Geschichte, in der ich die Hauptrolle spielte.

„Du erinnerst dich an Adrian Ehrlich“, schob Laberthier die Sache an.

Ich stutzte und Laberthier half mir in den Sattel. Das war der junge Bursche, der Andrea zum Verwechseln ähnlich sah und dem ich in Neuenhof auf der Schwimmbadterrasse begegnet war. Unscheinbar wirkte er da.

In der Parallelstory war das anders. Adrian Ehrlich war dort das Bond-Girl mit falschem Chromosomensatz. So wie bei 007 der Erzschuft immer eine süße Mieze an seiner Seite hat, die irgendwann von Bond persönlich aus den Fängen des

Bösen befreit wird, begann Adrians Story-Karriere auf der dunklen Seite der Macht, ehe er umgedreht wurde und für die Guten an den Start ging.

„Das Schicksal meinte es gleich zweimal nicht gut mit ihm“, holten die Laberthiers aus. „Erstens war er Vollwaise und hatte nicht viel auf der hohen Kante. Das heißt, eigentlich gar nichts. Seine Mitgliedschaft beim Wuppertaler SV sponserte die Stiftung Talvereine. Als Gegenleistung war er Mädchen für alles in der Jugendabteilung. Vom Kreidestrichzieher bis Ballaufpumper, alles. Weswegen er Kingsley O'Croy kannte und auch mit Emma zu tun hatte.“

„Und zweitens?“

„Sah er aus wie Andrea Amerone, nur mit angeborener Frühglatze.“

„Macht noch kein schlechtes Schicksal!“

„In der Kombination schon. Denn jetzt betritt der Schurke die Bühne. Dilbert Döpken. Der war seit geraumer Zeit auf der Suche nach einem Doppelgänger seines Kompagnons ...“

„In seinen Erinnerungen steht davon kein Wort!“

„... und wird fündig. Wie? Mit einer brandneuen biometrischen Software, mit der ein Start-up-Kollege gerade das IT-Sicherheitssegment durcheinanderwirbelt. Von Entrepreneur zu Entrepreneur wandert das Gesichtserkennungsprogramm, Döpken gibt Amerones Gesichtszüge ein und lässt es in den sozialen Medien über sämtliche Profilbilder laufen, die mit dem Standort Wuppertal und Umgebung getaggt sind.“

„Das sind mir ja Räuberpistolen!“

„Adrian gewinnt Döpkens Casting, die beiden treffen sich und werden handelseinig.“

„Denn was Döpken anzubieten hat, ist allemal besser als Aushilfsplatzwart.“

„Allerdings begeht er einen Fehler, als er bei Gitta Galwas anklopft und um ein Gratispröbchen Spinacin forte bittet.“

„Um eurem Ehrlich den Kamm auf den Schädel zu zaubern?“

„In der Szene hilft man sich, in der Branche killt man sich. Alter Start-up-Kalenderspruch. Döpken hat sich drauf verlassen, wie schon bei der Gesichtserkennungssoftware."

„Was daran war ein Fehler?"

„Gitta Galwas lieferte zwar, aber koscher war das nicht. Und als dann Emma irgendwann auf das Thema zu sprechen kommt ..."

„Überfordere ihn nicht, Bruno." Beate Laberthier schaltete sich ein. „Immer der Reihe nach."

„Also schön. Warum suchte und fand Döpken einen Doppelgänger für Andrea Amerone? Weil er seinen Geschäftspartner kompromittieren wollte. Er, und nicht Leif Löw, hatte es auf seinen eigenen Starfriseur abgesehen. Döpken wollte den Rahm alleine abschöpfen und opferte dafür sein Zugpferd. Klingt unglaublich, wenn man bedenkt, dass *schneise.de* es ausschließlich Andrea verdankte, dass ‚Matte auf Platte' ins Hintertreffen geriet und der Fußballverband sich für Döpkens Geschäftsmodell entschied. Ist aber so. Als Döpken merkte, dass Löw nicht mehr viel entgegenzusetzen hatte, nahm er den Letzten aufs Korn, der ihm beim Aufstieg zum Alleinherrscher im Segment Fußball und Haarmode noch im Weg stand."

„*schneise.de* ohne Andrea war doch wie Kaffee ohne Dosenmilch." Ich guckte ungläubig. „Wie sollte das funktionieren?"

„Mit einem billigen und vor allem auf Gedeih und Verderb von ihm abhängigen Andrea-Imitat. Döpken schlug nicht nur eine Fliege mit der Klappe Adrian Ehrlich."

„Döpken wusste, dass Andrea seine Unersetzlichkeit irgendwann ins Spiel bringen würde", assistierte Laberthiers Schwester.

„Wusste es, ahnte es, befürchtete es", wieder Laberthier, „egal. Jedenfalls sah er ein, dass ihr Abkommen über Andreas und seine Anteile an *schneise.de* nicht in Stein gemeißelt waren."

„Und der Deal mit dem Fußballverband?"

„Pack schlägt sich, Pack verträgt sich. Die hätten den Verlust des Original-Amerones krokodiltränenreich bedauert. Und sich dann mit dem Ersatz-Amerone Adrian Ehrlich zufriedengegeben."

„Den Döpken zum Aushilfsfriseur schnellschulen lassen wollte."

„Und den er vor allem in der Hand hatte."

„Weil Adrian als Amerone-Lookalike zum Mörder wurde."

„Der Reihe nach. Zuerst kamen sie auf die Idee mit dem Maskottchen-Bungee an der Müngstener Brücke. Das heißt, Adrian hatte die Idee. Döpken fand sie eher albern, und gezogen hat sie auch nicht. Also verdonnerte er Adrian zum Mordschubsen in der Schwebebahn."

„Kingsley O'Croy ließ sich von Adrian beschwatzen, zur Feier des bevorstehenden Aufstiegs in das Pröppi-Kostüm zu schlüpfen und ein paar WSV-Ehrenämtler auf einer Feier in der *Alten Papierfabrik* zu überraschen. Aus schlechtem Gewissen tat Kingsley das, wegen des Vertrags mit Bayer. Und aus Gutmütigkeit, weil er dem Twin nichts abschlagen wollte."

„Dem Twin?"

„Sein Spitzname für Adrian." Weil der inzwischen komplett so aussah wie Andrea. Mit Haarkranz und allem. Die Probepackung Spinacin war zwar komplett alle, hatte aber ihre Wirkung getan.

Entzückend. Überhaupt Andrea.

„Der war so naiv? Dem ist bei Döpken nie was aufgefallen?"

Die Laberthiers nickten.

„Und die Memoiren von Döpken sind ..."

„Unzuverlässiges Erzählen." Laberthier schlürfte sein Wicküler aus.

„Wie umgekehrt das *Life of Leif*", schob seine Schwester nach. „Gehört zum Spiel mit der Fiktion dazu."

„Der Rashomon-Effekt", schlaumeierte Laberthier weiter. „Ein Ereignis, verschiedene Auslegungen, alle gleich möglich."

„Sogar zwei Mörder für ein und dieselbe Tat!“

„Wie in dem Film aus Japan, Vogel. Du weißt, welchen ich meine?“

Wusste ich, war mir aber egal. Denn in mir fing es wieder an zu brodeln. Schließlich betrat auch in dieser Version der Story ich jetzt die Bühne.

„Also habe ich vier Tage lang Andrea vor den Fängen seines Mitunternehmers Döpken bewahrt“, motzte ich. „Und zugleich sein Werk vollendet, indem ich Löw dingfest gemacht habe.“

„Du hast vor allem eines getan“, sagte Laberthier, „egal in welcher Version. Du hast dich um Andrea verdient gemacht. Den hat nämlich hier wie da die Polizei nicht in die Finger gekriegt.“

„Was die Voraussetzung dafür war“, ergänzte das Schwesterherz, „dass das Komplott hinter seinem Rücken auffliegen konnte.“

„Die Komplotte“, korrigierte Bruderherz.

Ich grübelte. Irgendwas stimmte hier nicht.

„Halt halt halt, da ist was faul. Döpken war zwei Tage nach dem Mord bei den Monteurzimmern am Kleeblatt und hat sich Andrea von mir aushändigen lassen. Um ihn zur Polizei zu begleiten, damit Andrea mit seiner Hilfe den Verdacht ausräumt. Ausräumt! Nicht, um verhaftet zu werden.“ Ich kunstpauste in der Gewissheit, den beiden einen Strickfehler in ihren Story-Variationen aufzuzeigen. „Wenn das Motivationsknäuel Döpkens aus Ihrer Version stimmig wäre, Fräulein Laberthier, dann war das die Gelegenheit, Andrea bei den Krupps anzuschwärzen.“ Zufrieden schlug ich die Arme untereinander. „An-zu-schwär-zen! Das Gegenteil von rein-zu-wa-schen!“

„Sehr gut mitgedacht“, lobpreiste mich Laberthier.

„Tatsächlich hatte Döpken nichts anderes im Sinn, als er Ihnen Amerone abschwatzte“, ergänzte seine Schwester. „Nur machte ihm sein eigener Auftragskiller einen Strich durch die Rechnung.“

„Adrian? Ja wie ...?“

Vor meinem inneren Auge gingen die Rollladen runter. Ich kam nicht mehr mit.

Laberthier orderte Wicküler nach, dazu zwei Kurze. Mit dem Herrengedeck, sagte er, würde ich dem Rest leichter folgen können.

„Adrian Ehrlich war nicht der Typ skrupelloser Killer“, prostete er mir zu. „Der Mord an Kingsley hat ihn heillos überfordert. Eine Nacht lang hat er ihn bereut. Döpken war ab nach Frankfurt und nicht zu erreichen, der einzige Mitwisser, dem er sich anvertrauen konnte. Dann graute der Sonntag, und zur selben Zeit als du bei Andrea mit Kaffeeduft geweckt wurdest, nahm sich Adrian ein Herz.“

„Er rief Emma an.“

Beate Laberthier war es, die die Katze aus dem Sack ließ. Emma, die er von der Stiftung kannte. Die Sozialarbeiterin war, und damit Ansprechpartnerin Nummer eins. Zu der er als Einzige weit und breit eine Art Vertrauensverhältnis hatte.

„Zeit hatte sie eigentlich nicht“, hörte ich Laberthier sagen. „Die Aufführung am Abend stand an, Gota y Lágrima. Emma war angespannt, hatte aber nicht den Mut, Nein zu sagen. Also traf sie sich mit Adrian, nahm ihm die Beichte ab und war fortan in der Story meiner Schwester das, was du in meiner bist. Die Hauptfigur, Heldin, Protagonistin. Der Ego-Shooter in einer Spielwelt namens Wuppertal.“

„Bruno und ich fanden, dass ihr beide gut zusammenpasst“, warf die Schwester ein.

„Mach ihn nicht kirre“, sagte ihr Bruder. „Zugegeben“, meinte Laberthier zu mir, „auch Emma hatte sich ausbedungen, endlich mal wieder jemanden kennenzulernen. Wie du bei mir. Nach ihrer Krebserkrankung war das verständlich.“

Wütend kippte ich den Kurzen und löschte mit Pils nach. Und Laberthier bestellte wieder nach.

„Emma war an dem Sonntagmorgen nicht nur Adrians Briefkastentante. Sie fand bei dem, was er ihr Ungeheuerliches anvertraute, auch ihre eigene Agenda. Dass Döpken nicht nur aus dem armen Jungen einen Mörder gemacht hatte, sondern zugleich die Niedertracht besaß, ein Medikament zu missbrauchen, das ihr bei der Behandlung der Nebenwirkungen einer Chemotherapie gute Dienste erwiesen hat – das machte sie rasend. Plötzlich war sie mit in der Sache drin, jedenfalls fühlte sie sich so und hatte nur noch ein Ziel: Döpken hochzunehmen."

„Es gelang ihr, Adrian umzudrehen. Was keine große Kunst war. Bereitwillig und ein wenig erleichtert ließ er sich darauf ein."

„Die beiden überlegten. Ein Geständnis bei der Polizei kam nicht in Frage. Noch nicht. Es wäre Adrian nur auf die Butterseite gefallen, und Emma wusste das. Die Krupps hätten ihn verhaftet, Döpken hätte alles abgestritten, Aussage gegen Aussage, am Ende wäre Adrian auf lebenslänglich eingerückt."

„Also verhielt er sich zu Döpken nicht anders als vorher. Die beiden blieben in Kontakt und er bekam mit, dass sich die Dinge nicht wie geplant entwickelten. Die Kripo stellte Andrea ‚Dick' Amerone ums Verrecken nicht nach. Mehr noch, Schliepkorte rief Döpken an und wollte ein Alibi für Andrea. Döpken druckste rum, und Pseudokrupp gab sich zufrieden. Trotzdem war damit klar, die Luft wird dünner."

„Am Tag darauf alarmierte Adrian Emma, die mit den Gedanken schon beim Rendezvous mit dir im *Café du Congo* war. Döpken, sagte er, wolle Amerone persönlich bei den Bullen vorbeibringen. Emma kapierte sofort. Adrian musste genau das verhindern. Was zwangsläufig hieß, dass Döpken klar wurde, dass ihm sein Killer von der Stange ging."

„Amerone bekam den Streit, den Adrian vor dem Polizeipräsidium mit Döpken vom Zaun brach, nicht mit. Jedenfalls hatte er keinen Schimmer, worum es ging, und verschwand alleine in Krupp von Thebens Büro, um sich zu stellen."

„Natürlich reichte das nicht aus. Von Theben hatte Andrea nach seinen Eskapaden viel zu sehr auf dem Kieker. Döpken musste das Alibi absichern, dieses Mal richtig, mit Unterschrift und allem. Und Adrian zwang ihn, vor der Tür zu warten, bis von Theben ihn holen kam."

„Mit Emmas kleiner Notfall-Wumme in der Jackentasche hielt er ihn vom Ende des Gangs aus in Schach. Bis er hereingerufen wurde, machte Döpken keine Scherereien. Was drinnen passierte, konnte Adrian nicht mehr beeinflussen."

„Das Ende vom Lied war, dass Döpken von seinem ursprünglichen Plan abließ und Amerone nicht anschwärzte. Weil er wusste, dass draußen vor der Tür Adrian wartete und genau darauf achten würde, wer mit welchem Schmuck an den Handgelenken von Thebens Büro wieder verließ."

„Als dann auch noch Sergej auftauchte, um Amerone abzuholen, war Döpken klar, dass ein Strategiewechsel anstand. Er lud das Pärchen auf einen Drink in ein Lokal um die Ecke ein und wurde damit Adrian los. Dann verabschiedete er sich aus der *Auer Schule*, etwas hektisch natürlich, aber nicht, ohne Sergej und Amerone eine zweite Runde auszugeben."

Etwas hektisch. Natürlich. Er musste schließlich zurück ins Briller Viertel, wo in seiner Garage ein Motorrad stand. Und von Brill aus mit der Schüssel wieder nach Barmen, um die neue Strategie gleich mal anzuwenden.

„Auf deine Hellsichtigkeit, Kommissar Vogel."

Laberthier hob den Kurzen an den Mund, hackte sich den Kopf in den Nacken und spülte mit Wicküler hinterher.

„Emma war tags darauf bei den Krupps und hat sie bei der Gelegenheit noch mal ausgehorcht. Jawohl, Döpken hatte mitgespielt und für Amerone gezeugt. Das Problem war jetzt ein anderes."

„Döpken hatte sich nicht mehr im Griff. Er verhielt sich genau so, wie er in seinen Erinnerungen Löw beschrieben hatte. Besessen von seinen Plänen und getrieben vom Zwang, sie umsetzen zu müssen, bekam er nicht mehr mit, dass er plötzlich selbst Hand anlegte."

„Hand und Maschinenpistole", ergänzte Beate L. „Die er möglicherweise noch am selben Tag, als ihm dämmerte, dass er bloß auf Pappfiguren geschossen hatte, bei Löw auf die Fußmatte legte?" Sie grinste maliziös. „Könnte das so gewesen sein?"

Könnte. Könnte auch nicht. Mir doch schnurz.

„Und der Vogel", lallte ich, „war ein hundsdreckserbärmlicher Aufpasser für den Sohn seiner Ex." Ich schniefte und schluchzte. „Jaaa, so isses gewesen!"

„Warst du nicht." Herrengedeck Nummer drei traf ein. „Und überhaupt, meinst du, Emma hatte das mit Adrian besser hingekriegt? Der musste genauso aus dem Schaufenster verschwinden. Und wo ist er gelandet?"

„---?"

„Den mussten wir auch aus dem Verkehr ziehen. Wie Andrea. Nur im Freibad oben in Neuenhof war er in Sicherheit."

Ich glotzte, trank, glotzte wieder. Beate Laberthier amüsierte mein steigender Pegel.

„Ja ja ja", hörte sie mich labern. „Un mich habt ihr ausm Schwimmbad losgeschickt. Ins Trendsbüro, und was zeicht der Film? Die Aufsseichnung von de Kamera? Nen Mann mit Wumme un Modoradhelm, der auch blond war ... gewesen sein konnte. Ha ha ha. Ne schöne dobbeldeutige Scheiße is dat hier."

Kapitel 15, oder: Der Rest von Emmas Story

„Bruno, warte“, sagte die Laberthier. Ihr Bruder stutzte und nahm die ausgestreckte Hand mit der vier wieder runter. Die Bedienung verstand und stornierte die Bestellung.

„Eins muss eigentlich noch rein“, monierte er, „dann ist Zapfenstreich für dieses Mal.“ Er kicherte, die Biere und Kurzen merkte auch er. „Noch so’n dobbeldeutiger Spruch.“

„Der Vollständigkeit halber muss es noch rein“, sprach Beate Laberthier bedeutend nüchterner. Es interessiere mich heute vielleicht nicht mehr, sagte sie. In meinem Zustand und so. Aber morgen und überhaupt in nächster Zeit würde das anders aussehen. „Sie“, schnatterte sie, „werden sich fragen, wie Emma es in meiner Version schafft, Döpken zu überführen.“

„Och, isch weiß nich.“

„Glaub mir, Vogel, sie hat recht“, grinste Laberthier. Da sei ja noch die Sache bei *HairCare*, als ich Gitta Galwas auf den Zahn fühlen wollte und mir plötzlich die perplexe Emma in die Arme lief.

Ich legte den Kopf zur Seite und sah ihn mit einem Auge an, wie eine Straßentaube. Auch Frau Laberthier beschaute ich mir aus der Schräglage und merkte, wie der Dunst in meinem Kopf verschwand. Oder sich einfach nur an der Schädeldecke sammelte und den Teil des Hirns freigab, in dem die weiten Bögen gedacht und die großen Zusammenhänge begriffen werden. Egal, jedenfalls hatte ich auf einmal klare Sicht. Wie aus dem Nichts. Als hätte es die Herrengedecke nie gegeben, und die Verwirrung und das Selbsterlebte und die Sinnsucherei und die vielen Kurzschlüsse auch nicht.

„Gitta Galwas“, sprach ich aus meiner Schlagseite, „war von Emma ins Boot geholt worden, nachdem Adrian Ehrlich sich offenbart hatte. Auch sie war entrüstet, als sie erfuhr, dass ihr Entrepreneur-Kollege Döpken mit ihrem Spinacin forte

Schindluder trieb. Sie nahm Kontakt zu Leif Löw auf, von dem sie wusste, dass er und Döpken Rivalen waren." Pause, kurz überlegen, weiter: „Löw spielte der Verdacht gegen den größenwahnsinnigen Döpken in die Karten. Er spekulierte, dass der Vorsprung der Konkurrenz bald mit einem Schlag vom Tisch wäre, und war deswegen die Ruhe selbst. Mit der Tanztheaterchefin fädelte er die Schauspielausbildung für Fußballstars ein und lauerte darauf, den Trümmerhaufen *schneise.de* zu plündern. Andrea würde ihm wie eine reife Frucht in den Schoß fallen, wenn Döpken im Kittchen saß. Für so einen dicken Fisch lohnte es sich sogar, den Businessplan von ‚Matte auf Platte' anzupassen." Nochmal kurz überlegen. „An der Schnüffelei gegen seinen Konkurrenten wollte er sich nicht beteiligen. Was er auch Emma wissen ließ, und zwar kurz vor ihrer Premiere als tanzender Tränentropfen. Deswegen kannten die beiden sich und verdutzten mich, als ich dort mit dem angeblich dringend tatverdächtigen Andrea auftauchte, was wiederum Löw konsternierte. Emma war sicher auch überrascht, ließ es sich aber nicht anmerken."

Die Laberthiers reagierten unterschiedlich auf meine Ausführungen. Sie eher misstrauisch, er verzückt und fast ein bisschen schelmisch.

„Jedenfalls war Gitta Galwas im Bild und reichte, wenn und wo immer nötig, gerne eine helfende Hand", schwadronierte ich. „Manchmal sogar öfter als nötig. Löw zum Beispiel bekam von ihr alles brühwarm durchgesteckt. Etwa als ich sie als Gerichtsmediziner Drittkrupp aufsuchte und Emma bei ihr antraf."

Kunstpause. Schwester Beate beschlitzäugte mich böse.

„Ich nehme mal an", fuhr ich fort, „das Spinacin, das Emma dabei vor mir versteckte, spielte eine Rolle bei der Überführung Döpkens als Anstifter zum Mord an Kingsley O'Croy. Wie genau dieser Nachweis erfolgte? Nun, da müsste ich zwangsweise raten. Oder mir was Passendes ausdenken. Stattgefunden hat er jedenfalls am Samstagmittag, und ich würde lügen, wenn ich behauptete, es nicht im Nachhinein toll zu finden, dass Hauptkommissar Kristof-Josef von Theben bei *meiner* Überführung von *Löw* dabei war – und nicht bei *Emmas* Nachweis gegen *Döpken*. Den hat vermutlich Pseudokrupp festgenommen." Triumphierendes Armeverschränken. „Habe ich recht?"

Laberthiers Schelmengrinsen war jetzt feist und stattlich. Genauso stattlich war der Hals seiner Schwester.

„Das fand Emma vorhin auch nicht so klasse", feixte Laberthier. „Dafür hat Emma den ethisch zweifellos korrekteren Ansatz gewählt", tröstete er seine Schwester. „Nix mit Aussage unter Lebensgefahr am Zaun über dem Löwengehege."

Wollte ich es so genau wissen? Wollte ich wissen, wie Emma Döpken das Geständnis abgerungen hatte? Oder wollte ich doch noch ein Herrengedeck?

Ich schob den Kopf zurück in die Senkrechte, sofort war der Dunst in meinem Kopf zurück. Auch die Bestellung klang gelallt. Und danach klappte der Trick mit der stabilen Seitenlage nicht mehr. Schade, denn Beate Laberthier setzte an, das Ende ihrer moralisch einwandfreien und überhaupt literarisch viel gehaltvolleren Story zu erzählen. Die, in der Emma die Heldin war und Dilbert Döpken der Schurke.

Los ging es mit Emmas Besuch im Pfarrhaus zu Katernberg am gestrigen Freitag. Während ich von Köln aus den Showdown im Zoo klargemacht hatte, war meine Geliebte auf ein ernstes Gespräch mit Humbert Döpken ausgerückt, dem Altpfarrer der Bertodisch-Reformierten Kirche. Die Verfehlungen des Dilbert kamen auf den Tisch, angefangen mit der Erpressung des mittellosen Adrian Ehrlich. Emma präsentierte das vermeintliche Corpus delicti, eine kunstvoll angebrochene, halb leere Packung Spinacin forte. Deren Inhalt, flunkerte Emma, habe sich der arme Glatzkopf wochenlang auf einem breiten Streifen von Ohrmuschel zu Ohrmuschel in die Schädelhaut einmassieren müssen.

Altpfarrer Döpken zürnte und zagte. Abwechselnd fuhr er aus der Haut und winselte in sich hinein. Die Mörderfratze des Monopolunternehmertums recke wieder ihr hässliches Haupt, zeterte er. Und ausgerechnet mein Sohn, barmte er. Um Vergebung bitten müsse Dilbert, entschied er. Hier bei ihm, vor ihm und mit ihm. Dazu bei, vor und mit der bedauernswerten Kreatur, die er zum Mörder gedungen hatte. Vor allem aber bei, vor und mit den Nächsten des zu Tode gekommenen jungen Fußballspielers.

Emma hatte leichtes Spiel mit dem Alten. So weich und verschämt er sich vor ihr gab, so hart und streng hatte er seine sechs Kinder im Zaum. Immer noch, auch nach mehr als vierzig Jahren. Dilbert Döpken traute sich gar nicht erst, Widerworte zu geben. Zur Mittagsstunde am folgenden Tag hatte er im Kirchhaus zu erscheinen und ihm, Pfarrer Humbert Döpken a. D., ein paar Sachen zu beichten.

Der Rest war abwarten, telefonieren und Tee trinken. Krupp von Theben beauftragte Pseudokrupp Schliepkorte mit der kriminalpolizeilichen Begleitung des Pfarrhausspektakels. Robert O'Croy hielt Emmas Einladung zuerst für einen üblen Scherz, sagte am Ende aber sein Kommen zu. Adrian Ehrlich hatte Emma aus dem Freibad mitgenommen, und zwar passenderweise am Donnerstagmorgen, nachdem ich dort mit Deniz abgezogen war. Das Plätschern im Hintergrund, als sie mich vermeintlich schlaftrunken anrief, stammte also gar nicht aus dem kleinen Handwaschbecken, in dem sie die Penispumpe putzte, sondern aus dem großen Schwimmerbecken. Ha! Danach hielt sie Adrian in der Wohnung ihres Nachbarn Tannenbaum versteckt. Und Gitta Galwas informierte sie natürlich auch.

Und dann faltete Beate Laberthier das große Tableau des Jüngsten Gerichtes auf, das vor zehn Stunden im Kirchhaus zu Katernberg stattgefunden hatte und vieles von einer Familienaufstellung mit richtiger Familie gehabt haben muss. Am Ende zückte Kriminalmeister Schliepkorte die doppelte

Acht. Er klickte links Dilbert Döpken an sein Handgelenk und rechts Adrian Ehrlich. Angeblich, wenn ich es richtig verstanden hatte zwischen den Herrengedecken fünf und sechs, angeblich führte er die beiden in der Schwebebahn ab, weil er keine Hand mehr frei hatte zum Autofahren. Immerhin erlebten die drei so hautnah, wie es sich anfühlt, wenn Wuppertal feiert, weil seine Rotblauen aufgestiegen sind.

„Schja schja schja", blubberte ich, „dat mach ja alles sein. Aba wen indressiert dat?"

„Den Fußballverband", gluckste Laberthier. „Sonz keinen."

„Nichma den", gab ich kontra. „Oder, Frau Laberthier?"

Ich schaute mich um. Keine Frau Laberthier mehr, nirgends. Ab durch die Mitte war sie, fort und weg.

Dafür lagen Laberthier und ich platt wie die Heringe auf der Theke, Schuhsohle an Schuhsohle. Staubwolken kitzelten mein Näschen und die Reinemachfrau stand mit Scheuerlappen und Putzeimer neben mir und wollte weitermachen.

„Laberthier, ich glaub, wir müssen." Ich hob den Kopf, bleischwer war der. Durch die Fensterscheiben sah ich, wie es plästerte.

„Ich glaub das auch", kühmte Laberthier. Dann wurde es draußen laut. Die letzten Aufstiegshelden klopften an die Scheiben und begehrten Einlass. Die Putzfrau wischte ihnen einen vor der Stirn und schüttelte den Kopf.

Die Antwort von draußen war ein Wummern und die Stimme von Tina Turner. Die Putzfrau ließ das Kopfschütteln sein und reagierte am schnellsten.

Ich kann nicht steh'n den Regen,
gegen mein Fenster!,

motzte sie laut. Draußen stimmten die Eindeutschsänger mit ein.

Und am Ende, ganz am Ende – ein letztes Mal gemeinsam – auch Laberthier und ich.

Bruno Laberthier

Alle Heiner freu'n sich ...
Ein Fußballkrimi aus Darmstadt
ISBN 978-3-89796-257-6
160 Seiten, Broschur, 10,90 Euro

Alle Böcke beißen ...
DoMstadtkrimi
ISBN 978-3-89796-246-0
240 Seiten, Broschur, 11,90 Euro

Abi-Gag
DoMstadtkrimi
ISBN 978-3-89796-241-5
272 Seiten, Broschur, 9,90 Euro

Gardez! Verlag Michael Itschert
Richthofenstr. 14, 42899 Remscheid, www.gardez.de